# Sinn Féin

## Irischer Republikanismus im Wandel

AV Akademikerverlag

**Impressum / Imprint**

Bibliografische Information der Deutschen Nationalbibliothek: Die Deutsche Nationalbibliothek verzeichnet diese Publikation in der Deutschen Nationalbibliografie; detaillierte bibliografische Daten sind im Internet über http://dnb.d-nb.de abrufbar.

Bibliographic information published by the Deutsche Nationalbibliothek: The Deutsche Nationalbibliothek lists this publication in the Deutsche Nationalbibliografie; detailed bibliographic data are available in the Internet at http://dnb.d-nb.de.

Coverbild / Cover image: www.ingimage.com

Verlag / Publisher:
AV Akademikerverlag GmbH & Co. KG
Heinrich-Böcking-Str. 6-8, 66121 Saarbrücken, Deutschland / Germany
Email: info@akademikerverlag.de

Herstellung in Deutschland (siehe letzte Seite) /
Printed in the U.S.A. / U.K. by (see last page)
**ISBN: 978-3-639-45149-8**

# Inhaltsverzeichnis

# Abkürzungsverzeichnis

| | |
|---|---|
| DUP | Democratic Unionist Party |
| FARC | Fuerzas Armadas Revolucionarias de Colombia |
| INLA | Irish National Liberation Army |
| IRA | Irish Republican Army |
| IRB | Irish Republican Brotherhood |
| LVF | Loyalist Volunteer Force |
| NICEM | Northern Ireland Council of Ethnic Minorities |
| NWCI | National Women's Council of Ireland |
| RTÉ | Radio Telefís Éireann |
| RUC | Royal Ulster Constabulary |
| SDLP | Social Democratic and Labour Party |
| UDA | Ulster Defence Association |
| UUP | Ulster Unionist Party |
| UVF | Ulster Volunteer Force |

## 1. Einleitung

Die Ursprünge des Nordirland-Konflikts liegen in den anglo-irischen Konflikten, die im Mittelalter begannen. Bereits im 12. Jahrhundert versuchte England, Irland zu erobern und es in sein Empire zu integrieren. Die britische Präsenz auf der Insel nahm mit der anglo-normannischen Invasion Irlands im Jahre 1169 ihren Anfang, wurde 1541 mit der Ernennung Heinrichs VIII. zum König von Irland konsolidiert und erreichte 1800 mit dem „Act for the Union of Great Britain and Ireland" ihren Höhepunkt. Trotz diverser Versuche gelang es den Iren nicht, sich von der britisch-protestantischen Vorherrschaft zu befreien. Selbst als sie sich schließlich im Unabhängigkeitskrieg (1919-1921) durchsetzten und der Irish Free State proklamiert werden konnte, war es lediglich ein Teilerfolg, denn der überwiegend protestantische Norden verblieb im Vereinigten Königreich – Irland wurde geteilt.[1]

An die Teilung schloss sich in Nordirland „eine Phase der Lagerbildung"[2] an: Auf der einen Seite standen die Nationalisten, die ein vereintes Irland forderten und auf der anderen Seite befanden sich die Unionisten, die sich für die Aufrechterhaltung der Union Nordirlands mit Großbritannien einsetzten. Diese beiden Lager bestehen bis heute fort, weshalb die Bevölkerung Nordirlands von Sozialwissenschaftlern als eine tief gespaltene Gesellschaft bezeichnet wird. Diese Definition bezieht sich nicht nur auf die statistische Aufteilung der nordirischen Bevölkerung in Protestanten und Katholiken, sondern auch auf die Tatsache, dass zwischen diesen beiden Gruppen kaum Kontakte bestehen. Die Konfessionsgrenzen werden von einer Mehrheit der in Nordirland lebenden Menschen streng eingehalten und nur äußerst selten überschritten.[3]

Aus diesem Grund wird der Konflikt in der Provinz oftmals als eine Auseinandersetzung zwischen Katholiken und Protestanten angesehen. Da jedoch keiner beabsichtigt, die jeweils andere Bevölkerungsgruppe zu bekehren, und auch kein Streit über die Auslegung gewisser Glaubenssätze geführt wird, kann der Konflikt nicht als rein religiös beschrieben werden, obwohl auch die politische Orientierung überwiegend von der Konfessionszugehörigkeit abhängt. Vielmehr liegt dem Konflikt die Tatsache zu Grunde, dass die Mehrheit der Katholiken sich als Iren versteht und eine Vereinigung Nordirlands mit der Republik Irland

---

[1] Vgl. Breuer, Manfred: Nordirland. Eine Konfliktanalyse [=Heidelberger Studien zur internationalen Politik, Bd. 6], Hamburg: LIT, 1994, S. 5.
[2] Elvert, Jürgen: Geschichte Irlands, 4., aktual. Aufl., München: dtv, 2003, S. 408.
[3] Vgl. Neumann, Peter: IRA. Langer Weg zum Frieden, Hamburg: Europäische Verlagsanstalt, 2002, S. 13.

## 1. Einleitung

fordert, wohingegen die meisten Protestanten sich als Briten ansehen und die Zugehörigkeit der Provinz zum Vereinigten Königreich von Großbritannien beibehalten wollen.[4]

Seit 1969 – dem Beginn der so genannten Troubles – sind mehr als 3300[5] Menschen ums Leben gekommen. Sie wurden von protestantischen und katholischen Untergrundorganisationen, aber auch von Sicherheitskräften wie der nordirischen Polizei und der britischen Armee getötet. In den letzten Jahren hat sich die Situation in Nordirland auf Grund des ökonomischen Fortschritts und abnehmender politischer Gewalt gewandelt. Die während der ersten 50 Jahre des Bestehens der Provinz vorherrschende Dominanz der Unionisten ist beendet und die Diskriminierung von Nationalisten erfolgreich bekämpft worden. Dennoch gibt es nach wie vor Sektierertum, was sich darin äußert, dass Katholiken und Protestanten vielerorts noch immer in streng voneinander getrennten Vierteln leben.[6]

Der Faktor Konfession ist auch innerhalb des nordirischen Parteiensystems von zentraler Bedeutung. Während die Angehörigen der protestantischen Bevölkerungsgruppe fast ausnahmslos die unionistischen Parteien unterstützen, wählen die Katholiken überwiegend die nationalistischen Parteien. Diese Zweiteilung der politischen Landschaft ist jedoch nicht nur an der Konfession festzumachen: Streng mit der jeweiligen konfessionellen Zugehörigkeit verbunden ist der Faktor Ethnizität sowie die mit der ethnisch-konfessionellen Komponente eng zusammenhängende Frage der staatlichen Zugehörigkeit Nordirlands. Darüber hinaus werden die beiden Lager durch den Faktor der ideologischen Ausrichtung getrennt. Während die unionistischen Parteien eher eine traditionell-konservative Politikgestaltung aufweisen, zeichnen sich die nationalistischen Parteien eher durch ein progressives Gedankengut und eine dementsprechende Programmatik aus.[7]

Innerhalb des unionistisch-protestantischen Lagers ist die Idee des Unionismus, d. h. des Strebens nach der Aufrechterhaltung der politischen Verbindung zwischen Nordirland und Großbritannien, das zentrale Charakteristikum. Weitere wichtige Gemeinsamkeiten im unionistisch-protestantischen Lager sind die Forderung nach Beibehaltung der territorialen Integrität Nordirlands in der bisherigen Form sowie die Erhaltung der politischen Vormachtstellung der Protestanten in Nordirland. Neben diesen zentralen Gemeinsamkeiten

---

[4] Vgl. ebd., S. 9.
[5] Vgl. McKenna, Fionnuala, Brendan Lynn und Martin Melaugh: Background Information on Northern Ireland Society – Security and Defence, S. 8, in: CAIN Web Service (Conflict Archive on the Internet), Conflict and Politics in Northern Ireland: http://cain.ulst.ac.uk/ni/security.htm, download 12.04.2006.
[6] Vgl. Tonge, Jonathan: The New Northern Irish Politics?, New York u. a.: Palgrave Macmillan, 2005, S.1.
[7] Vgl. Valandro, Franz: Das Baskenland und Nordirland. Eine vergleichende Konfliktanalyse, Innsbruck u. a.: Studien-Verlag, 2001, S. 94-95.

## 1. Einleitung

bestehen Übereinstimmungen in vielen anderen grundsätzlichen Forderungen und Zielvorstellungen der zwei größten unionistischen Parteien Ulster Unionist Party (UUP) und Democratic Unionist Party (DUP). Die Unterschiede zwischen den Parteien lassen sich wie folgt charakterisieren: Während die UUP eher moderatere konservative Positionen einnimmt, repräsentiert die DUP eine radikal populistische, streng antikatholische Ideologie, welche stark von der Persönlichkeit des Parteivorsitzenden Ian Paisley geprägt ist.[8]

Im nationalistisch-katholischen Lager sind die zwei wichtigsten Parteien die Social Democratic and Labour Party (SDLP) und die Sinn Féin. Ihre Gemeinsamkeiten liegen in der Absicht, Nordirland mit der Republik Irland zu vereinigen, und in der Forderung nach einer sozialen und politischen Emanzipation der katholischen Bevölkerung. Die Unterschiede zwischen beiden Parteien ähneln denen im unionistisch-protestantischen Lager: Die SDLP vertritt eine moderate Position und setzt dabei auf eine Politik der Konsenssuche mit den Regierungen in London und Dublin sowie der protestantischen Bevölkerung Nordirlands, wohingegen Sinn Féin den Einsatz von Gewalt durch die IRA jahrelang akzeptierte und unterstützte.[9] Sinn Féins politische Ausrichtung wird als irischer Republikanismus bezeichnet.[10]

Zwischen unionistisch-protestantischem und nationalistisch-katholischem Lager bleibt nur sehr begrenzt politischer Aktions- und Artikulationsraum sowie Rekrutierungs- und Mobilisierungspotential für überkonfessionelle Parteien wie z. B. die liberale Alliance Party, die versucht, gemäßigte und von den Parteien beider Lager enttäuschte Wähler für sich zu gewinnen. Die Position überkonfessioneller Parteien ist auf Grund der starken und eindeutigen Fragmentierung des nordirischen Parteiensystems relativ schwach.[11]

Bei der Wahl im November 2003, welche die Grundlage für eine Rückkehr zur nordirischen Selbstverwaltung schaffen sollte, gewannen sowohl auf unionistischer als auch auf nationalistischer Seite die radikaleren Parteien. Die DUP errang 25,6 % der Stimmen, Sinn Féin 23,5 %, die UUP 22,7 % und die SDLP folgte an vierter Stelle mit 17 %.[12] Sinn Féin erreichte mit diesem Ergebnis bereits zum zweiten Mal das lang ersehnte Ziel, die SDLP in

---

[8] Vgl. ebd., S. 95-97.
[9] Vgl. ebd., S. 98-99.
[10] Vgl. Neumann: IRA. Langer Weg zum Frieden, S. 15.
[11] Vgl. Breuer: Nordirland. Eine Konfliktanalyse, S. 40.
[12] Vgl. Northern Ireland Assembly Elections, in: http://www.ark.ac.uk/elections/fa03.htm, download 12.04.2006.

## 1. Einleitung

der Wählergunst zu übertreffen. Schon bei der Westminster-Wahl im Jahr 2001 hatte sie die SDLP mit einem Vorsprung von 0,7 % knapp geschlagen.[13]

Sinn Féin war im 20. Jahrhundert überwiegend eine kleine undurchsichtige, aber dennoch potentiell gefährliche Gruppierung am Rande der politischen Landschaft Irlands. Wegen ihrer Politik der Verweigerung stellte die Partei nach dem Ende des auf Grund der Teilung Irlands ausgebrochenen Bürgerkrieges in politischer Hinsicht weder für die nordirische noch für die irische oder die britische Regierung eine Bedrohung dar. Folglich wurde sie sowohl von den Regierungen als auch von den Wählern weitgehend ignoriert, was nahezu einem Ende ihrer Existenz gleichkam. Lediglich ihre Verbindung zur IRA brachte ihr hin und wieder öffentliche Aufmerksamkeit. Nach 1981 machte sich ein langsamer Wandel bemerkbar: In beiden Teilen Irlands reorganisierte Sinn Féin sich als moderne politische Partei und nahm an Wahlen teil.[14]

1992 wurde der Präsident der Partei, Gerry Adams, bei den Wahlen zum britischen Unterhaus in West-Belfast zwar von dem Kandidaten der SDLP geschlagen und während die SDLP insgesamt 23,5 % der Stimmen auf sich vereinigen konnte, gewann Sinn Féin lediglich 10 %. In den folgenden neun Jahren, in denen der Friedensprozess Fortschritte machte, nahm die Unterstützung für Sinn Féin jedoch stetig zu. Der Höhepunkt war im Jahre 1999 die Ernennung zweier Sinn Féin-Minister innerhalb der nordirischen Regierung. 2001 wählten sowohl in der Regional- als auch in der Westminster-Wahl ein Fünftel aller Wähler Sinn Féin.[15] Während die Partei 1992 keinen einzigen Sitz in Westminster hatte, gewann sie 2001 vier und bei den britischen Unterhauswahlen 2005 fünf Sitze. Bei den Wahlen der nordirischen Regionalgremien, die zeitgleich mit den Unterhauswahlen stattfanden, erhielt Sinn Féin insgesamt 126 Sitze, wohingegen die SDLP nur 101 für sich gewinnen konnte.[16] Auch in der Republik stieg die Unterstützung Sinn Féins in den Lokalwahlen von 3,5 % im Jahre 1999 auf 8 % im Jahr 2004. Bei den Europa-Wahlen zeigte sich ebenfalls ein Aufwärtstrend: 1999 betrug der Stimmenanteil 6,3 % und 2004 waren es 11,1 %.[17]

---

[13] Vgl. Murray, Gerard und Jonathan Tonge: Sinn Féin and the SDLP. From Alienation to Participation, London: Hurst & Company, 2005, S. 209.

[14] Vgl. Feeney, Brian: Sinn Féin. A Hundred Turbulent Years, Wisconsin: The University of Wisconsin Press, 2003, S. 430.

[15] Vgl. ebd., S. 384-385.

[16] Vgl. The 2005 Westminster Elections in Northern Ireland, in: http://www.ark.ac.uk/elections/fw05.htm, download 12.04.2006.

[17] Vgl. Maillot, Agnès: New Sinn Féin. Irish Republicanism in the Twenty-First Century, London; New York: Routledge, 2005, S. 96.

## 1. Einleitung

Das hier vorliegende Buch soll einen Beitrag zur wissenschaftlichen Untersuchung des irischen Republikanismus leisten. Zu Grunde gelegt wird die folgende Kernfrage: Welches sind die Gründe dafür, dass Sinn Féin sich von einer marginalisierten und zeitweise kaum wahrnehmbaren Partei zur stärksten Kraft innerhalb des nationalistisch-katholischen Lagers in Nordirland entwickelt hat?

Zur Sinn Féin ist – vor allem im englischsprachigen Raum – eine Vielzahl von Publikationen erschienen. Einigkeit besteht in der Literatur insofern, als dass die Partei nicht mehr dem traditionellen irischen Republikanismus zugeordnet wird. Der gegenwärtige Forschungsstand lässt sich in zwei Kategorien einteilen: Die erste Gruppe von Wissenschaftlern geht davon aus, dass es sich bei Sinn Féin um eine post-republikanische Partei handelt, die sowohl die Strategien als auch die Ziele des ursprünglichen irischen Republikanismus aufgegeben hat. Brian Feeney, Leiter des Geschichtsinstituts am St. Mary's University College in Belfast, spricht in seinem Buch „Sinn Féin. A Hundred Turbulent Years" von diversen „Reinkarnationen", die die Partei seit ihrer Gründung im Jahre 1905 erlebt habe. Einige dieser Wiedergeburten seien mit solch radikalen Abweichungen von der traditionellen republikanischen Doktrin einhergegangen, dass es den Anschein gehabt habe, die Verantwortlichen wollten eine neue Sinn Féin gründen.[18]

Die zweite Gruppe von Forschern bezeichnet Sinn Féins Republikanismus als revisionistisch, da die Partei den irischen Republikanismus nicht aufgegeben, sondern lediglich nach Alternativen gesucht habe, um die republikanischen Ziele zu erreichen. Gerard Murray, Forschungsstipendiat am Institute of Irish Studies der Queen's University in Belfast, und Jonathan Tonge, Professor für Politikwissenschaft und Direktor des Centre for Irish Studies an der Universität Salford, gehen in ihrem Buch „Sinn Féin and the SDLP. From Alienation to Participation" u. a. der Frage nach, ob es sich bei Sinn Féin gegenwärtig um eine traditionelle oder eine post-republikanische Partei handelt. Die Autoren kommen zu dem Ergebnis, dass es keine Abweichung von republikanischen Prinzipien gegeben hat, da die Hauptziele aller Republikaner – Selbstbestimmung und Gleichberechtigung – noch immer verfolgt werden. Lediglich die Strategien zur Erreichung dieser Ziele seien modifiziert worden. Somit handele es sich bei Sinn Féin um eine Partei des revisionistischen Republikanismus.[19]

Die Hypothese des hier vorliegenden Buches schließt sich den Aussagen der zweiten Gruppe an und lautet wie folgt: Sinn Féin ist hundert Jahre nach ihrer Gründung weder eine

---

[18] Vgl. Feeney: Sinn Féin. A Hundred Turbulent Years, S. 430.
[19] Vgl. Murray und Tonge: Sinn Féin and the SDLP. From Alienation to Participation, S. 263-267.

# 1. Einleitung

traditionelle noch eine post-republikanische Partei. Ihre Ideologie ist vielmehr als revisionistischer Republikanismus anzusehen, welcher zwar den republikanischen Zielen treu bleibt, die Strategien zu ihrer Erreichung jedoch radikal geändert hat. Dieser revisionistische Republikanismus ist es auch, der für den Erfolg Sinn Féins verantwortlich ist.

In den folgenden Kapiteln werden der irische Republikanismus und die Sinn Féin untersucht. Das zweite Kapitel enthält die theoretischen Grundlagen zum irischen Republikanismus. Der ethnische Nationalismus in Nordirland, die historische Entwicklung des irischen Nationalismus und Republikanismus sowie die republikanische Ideologie nach der Teilung Irlands werden auf der Basis von Sekundärliteratur erläutert. Das dritte Kapitel befasst sich mit der historischen Entwicklung Sinn Féins. Die Schwerpunkte liegen dabei auf ihrer langjährigen Politik der Verweigerung, dem Hungerstreik republikanischer Häftlinge zu Beginn der achtziger Jahre, der als politischer Wendepunkt der Partei zu definieren ist, sowie auf ihrer Rolle im Friedensprozess. Das vierte Kapitel setzt sich ausschließlich mit dem nordirischen Friedensprozess auseinander. Im Mittelpunkt stehen hierbei die Auseinandersetzungen um die Entwaffnung der paramilitärischen Organisationen und Sinn Féins Mitgliedschaft in der nordirischen Regierung. Das fünfte Kapitel untersucht die politischen Strategien Sinn Féins. Hierbei geht es vor allem um die Erzeugung eines Partei-Images, die Durchführung von Kampagnen sowie Sinn Féins Rolle in der Republik Irland und in Großbritannien. Das sechste Kapitel befasst sich mit den politischen Inhalten Sinn Féins, wobei die Themen sozialistischer Republikanismus, Gender und Multikulturalismus im Mittelpunkt stehen. Sinn Féins Außenpolitik besteht hauptsächlich aus der Suche nach ausländischer – vornehmlich US-amerikanischer – Unterstützung für die irische Wiedervereinigung sowie aus der Solidarität mit Organisationen und Gruppierungen, die in anderen Konfliktregionen für Unabhängigkeit kämpfen[20] – so z. B. im Baskenland und in Sri Lanka. Auf ihre Analyse wird im Rahmen dieses Buches verzichtet, da der Schwerpunkt auf der Untersuchung der Partei-Ideologie liegt, welche nahezu ausschließlich durch Themen charakterisiert wird, die sich explizit auf (Nord-) Irland beziehen. In den Kapiteln 3-6 wird sowohl auf Sekundärliteratur als auch auf diverse Dokumente von Sinn Féin zurückgegriffen. Darüber hinaus wird die republikanische Zeitung An Phoblacht in die Untersuchungen mit einbezogen. Das Buch schließt mit dem Fazit im siebten Kapitel, in dem die

---

[20] Vgl. Maillot: New Sinn Féin. Irish Republicanism in the Twenty-First Century, S. 129.

## 1. Einleitung

Untersuchungsergebnisse zusammengefasst, die Kernfrage beantwortet und die Arbeitshypothese verifiziert oder falsifiziert wird.

## 2. Der irische Republikanismus – theoretische Grundlagen

### 2.1. Ethnischer Nationalismus

Seit den frühen achtziger Jahren besteht in der wissenschaftlichen Literatur, die sich mit dem Konflikt in Nordirland auseinander setzt, der Konsens, dass es sich hierbei um einen Konflikt mit ethnisch-nationalistischem Ursprung handelt.[21] Die Politikwissenschaftler Brendan O'Leary und John McGarry formulierten es z. B. auf diese Weise: „The crucial endogenous cause of the conflict has been the presence of two competitive ethnonationalist communities within the same territory."[22]

Im Folgenden sollen zunächst diejenigen Begriffe definiert werden, die wichtig für das Verständnis des ethnischen Nationalismus sind.

Ethnien zeichnen sich durch folgende Charakteristika aus: ein gemeinsamer Name; gemeinsame Mythen im Hinblick auf die Herkunft; gemeinsame Erinnerungen an Dinge, die man gemeinsam erlebt hat; ein gemeinsames Heimatland; gemeinsame kulturelle Elemente wie z. B. Sprache, Bräuche oder Religion und Solidarität unter den Mitgliedern der Gemeinschaft. Aus Ethnien haben sich die heutigen Nationen entwickelt, bei denen es sich um Gemeinschaften handelt, die ihren eigenen Namen haben, ihre eigene Geschichte und Kultur aufweisen und darüber hinaus ein einheitliches Gebiet, eine gemeinsame Wirtschaft sowie ein gemeinsames Bildungssystem und allgemeine, gesetzlich festgelegte Rechte besitzen.[23]

Der Nationalismus ist eine ideologische Bewegung, die darauf ausgerichtet ist, die Autonomie, Einheit und Identität einer bereits existierenden oder einer potentiellen Nation zu erlangen und aufrechtzuerhalten. Diese Bewegung, die oftmals nur von einer Minderheit getragen wird, strebt danach, eine Nation zu errichten, gibt dabei jedoch meist vor, dass eben diese Nation bereits existiert.[24]

Der Begriff des ethnischen Nationalismus, d. h. also des von einer ethnischen Gruppe geprägten Nationalismus, wurde von dem Politikwissenschaftler Walker Connor geprägt und

---

[21] Vgl. Hayes, Bernadette C. und Ian McAllister: Ethnonationalism, Public Opinion and the Good Friday Agreement, in: Joseph Ruane und Jennifer Todd (Hrsg.): After the Good Friday Agreement. Analysing Political Change in Northern Ireland, Dublin: University College Dublin Press, 1999, S. 30-48, hier: S. 32.

[22] McGarry, John und Brendan O'Leary: Explaining Northern Ireland: Broken Images, Oxford: Basil Blackwell, 1995, S. 356.

[23] Vgl. Smith, Anthony D.: The Origins of Nations, in: Geoff Eley (Hrsg.): Becoming National, New York u.a.: Oxford University Press, 1996, S. 106-130, hier: S. 107-110.

[24] Vgl. ebd., S. 108.

## 2. Der irische Republikanismus – theoretische Grundlagen

wird verwendet, um politische Konflikte in ethnisch geteilten Gesellschaften zu erklären.[25] Connor geht davon aus, dass ethnisches Bewusstsein das Wissen um andere Gruppen voraussetzt. Das Gefühl, einzigartig oder anders zu sein, erfordert gewissermaßen ein Gegenstück – d. h. das Konzept „wir" benötigt das Gegenstück „sie". Ohne das Wissen um die Existenz von Fremden, die andere Lebensweisen haben, gibt es – außer familiären Beziehungen – nichts, was einen Menschen an einen anderen binden könnte. Doch mit dem Bewusstsein, dass zwei Menschen eine Vielzahl von Bräuchen, Einstellungen und Überzeugungen gemeinsam haben, die von anderen nicht geteilt werden, besteht eine psychologische Bindung zwischen ihnen, die durch das Gefühl von Gleichheit und Einigkeit charakterisiert ist: ein Gefühl von Verwandtschaft. Im Gegensatz zu Mitgliedern aller anderen ethnischen Gruppen („sie") sind diese zwei Menschen psychologisch in einem kollektiven „wir" vereinigt.[26]

In Staaten, in denen ethnische Minderheiten leben, treten eher Konflikte auf als in anderen Staaten. Die Ursache dafür liegt in der Diskriminierung ethnischer Minderheiten, die sich politisch, ökonomisch, kulturell und religiös äußern kann. Ein weiterer Grund dafür, dass in ethnisch geteilten Gesellschaften Konflikte auftreten können, sind die Wahrnehmungen, die ethnische Gruppen von sich und anderen Gruppen haben. Diese Wahrnehmungen sind oftmals von Gewalttaten geprägt, die Mitglieder verschiedener Gruppen in der Vergangenheit gegeneinander verübt haben. Die Geschichten von derartigen Gewalttaten werden von Generation zu Generation überliefert, wobei oftmals Tatsachen verfälscht werden. Auf diese Weise entstehen ethnische Mythologien, die die jeweils andere Gruppe als Feind darstellen und eine Versöhnung von vornherein ausschließen.[27]

### 2.2. Ethnischer Nationalismus und der Konflikt in Nordirland

Der ethnische Nationalismus in Nordirland wird durch seine vielschichtige und komplexe Natur geschürt. Es handelt sich um viel mehr als um eine einfache Auseinandersetzung zwischen Katholiken und Protestanten, zwischen denjenigen mit irischer und denjenigen mit britischer Identität, zwischen Nationalisten und Unionisten oder zwischen denen, die Irland vereinigt sehen wollen und denen, die die Verbindung zu Großbritannien aufrechterhalten

---

[25] Vgl. Hayes und McAllister: Ethnonationalism, Public Opinion and the Good Friday Agreement, S. 30.

[26] Vgl. Connor, Walker: The Politics of Ethnonationalism, in: Journal of International Affairs, Volume 27, Number 1, 1973, S. 1-21, hier: S. 3-4.

[27] Vgl. Brown, Michael E.: The Causes of Internal Conflict. An Overview, in: Ders. u. a. (Hrsg.): Nationalism and Ethnic Conflict, Cambridge: MIT-Press, 1997, S. 3-25, hier: S. 12-13.

## 2. Der irische Republikanismus – theoretische Grundlagen

wollen. Der Konflikt ist sowohl in intra- als auch in inter-gemeinschaftlichen Unterschieden verwurzelt, die nicht nur auf Verschiedenheiten der ethnischen und nationalen Identität basieren, sondern auch auf gegensätzlichen Ansichten im Hinblick auf die Legitimität des Staates und seiner Grenzen.[28]

Auf der begrifflichen Ebene bestehen drei soziokulturelle Dimensionen des Konflikts: 1. Religion (Katholizismus versus verschiedene Ausrichtungen des Protestantismus); 2. Ethnizität (gälisch-irisch versus englisch und schottisch); 3. Kolonialismus (Einheimische versus Siedler).[29] Auf der praktischen Ebene wird der ethnische Nationalismus durch die wichtigsten Kräfte der Sozialisation verstärkt, die in jeder modernen Gesellschaft zu finden sind: Eltern, Familie, Erziehung und soziale Netzwerke.[30]

Viele ethnische Konflikte in modernen Gesellschaften entstehen auf Grund des Mangels an Kongruenz zwischen ethnischer Identität, nationaler Identität und dem Staat. Die ethnische Identität bezieht sich auf die kollektive Erinnerung und das kollektive Bewusstsein, welche von einer Gruppe geteilt und von Generation zu Generation weitergegeben werden.[31] Sie wird oft durch bestimmte Charakteristika verstärkt, wie z. B. Sprache, Religion oder Abstammung, aber auch gemeinsame Symbole und Traditionen und eine gemeinsame Geschichte dienen dazu, sie zu untermauern. Es ist jedoch nicht so, dass alle diejenigen, die dieselbe ethnische Identität teilen, auch dieselben nationalen Ziele verfolgen.[32] In Nordirland existieren zwei gegensätzliche nationale Identitäten: der Unionismus und der Nationalismus.

Eine noch größere potentielle Inkongruenz besteht jedoch zwischen ethnischer und nationaler Identität und dem Staat. Die Bezeichnung Staat bezieht sich auf die politischen Institutionen, die die legitime, maßgebliche Kontrolle über ein vereinbartes Territorium ausüben. In vielen Fällen – so auch in Nordirland – wird das Gebiet, über das der Staat Kontrolle ausübt in Frage gestellt, was zur Folge hat, dass auch die Legitimität des Staates selbst in Frage gestellt wird.[33]

Basierend auf den drei Begriffen – ethnische Identität, nationale Identität und Einstellung gegenüber dem Staat – lässt sich eine viergliedrige Typologie entwickeln. Diejenigen, deren

---

[28] Vgl. Hayes und McAllister: Ethnonationalism, Public Opinion and the Good Friday Agreement, S. 32-33.

[29] Vgl. Ruane, Joseph und Jennifer Todd: The Dynamics of Conflict in Northern Ireland. Power, Conflict and Emancipation, Cambridge: Cambridge University Press, 1996, S. 22-26.

[30] Vgl. Hayes und McAllister: Ethnonationalism, Public Opinion and the Good Friday Agreement, S. 33.

[31] Vgl. Gillis, John R.: Memory and Identity: The History of a Relationship, in: Ders. (Hrsg.): Commemorations. The Politics of National Identity, Princeton: Princeton University Press, 1994, S. 3-24, hier: S. 3.

[32] Vgl. Hayes und McAllister: Ethnonationalism, Public Opinion and the Good Friday Agreement, S. 33.

[33] Vgl. ebd.

## 2. Der irische Republikanismus – theoretische Grundlagen

Identitäten im Einklang miteinander und mit den territorialen Grenzen des Staates stehen, können als „stark pro-Staat" angesehen werden. Protestanten, die sich selbst als Briten ansehen, sich als Unionisten beschreiben und die Verbindung Nordirlands zu Großbritannien unterstützen, würden innerhalb dieser Typologie als „stark pro-Staat" klassifiziert werden. Eine Abweichung bei der ethnischen und/oder nationalen Identität würde bedeuten, dass diese Person eine Einstellung hat, die als „schwach pro-Staat" beschrieben werden kann. So würde z. B. eine Person, die sich als britisch ansieht und die Verbindung zu Großbritannien aufrechterhalten möchte, sich aber nicht den Unionisten zugehörig fühlt, in diese Kategorie fallen. Die dritte und vierte Kategorie sind „stark kontra-Staat" und „schwach kontra-Staat". So würden beispielsweise Katholiken, die sich als Iren und Nationalisten ansehen und die irische Wiedervereinigung wünschen, als „stark kontra-Staat" klassifiziert werden. Das schwächere Pendant dazu wären diejenigen, die weniger strenge Ansichten bezüglich der ethnischen oder nationalen Identität haben, aber dennoch die Vereinigung Irlands fordern.[34]

Ethnischer Nationalismus an sich verursacht keinen Konflikt – genauer gesagt existiert das Potential für einen ethnischen Konflikt dann, wenn ethnische und nationale Identität nicht übereinstimmen. Durch die Betonung gegensätzlicher Identitäten als Ursache des Konflikts werden die Wurzeln des Problems verdeutlicht, welche in der Sozialisation und in der Vielzahl von sozialen Kräften, die diese Sozialisation verstärken und aufrechterhalten, liegen. Die Ausdehnung des ethnischen Nationalismus auf den Staat liefert ein weiteres Glied in der Kette, welches die politischen Identitäten in den Konflikt einbringt. Wenn dem ethnischen Nationalismus ein politischer Ausdruck fehlt, besteht das Potential dazu, ihn als eine politische Kraft zu mobilisieren. In Nordirland hat eine solche Mobilisierung im Verlauf der letzten zwei Jahrhunderte mehrmals stattgefunden, besonders jedoch seit Beginn der Troubles im Jahre 1969.[35]

Zusammenfassend lässt sich sagen, dass der Nordirland-Konflikt am besten als ein Disput zwischen zwei konkurrierenden nationalen Identitäten – Unionismus versus Nationalismus – zu verstehen ist, und dass es diese beiden unterschiedlichen Interpretationen von ethnisch-nationaler Identität sind, welche dem Konflikt zu Grunde liegen. Das bedeutet nicht, dass der Konflikt völlig bipolar ist. Sowohl innerhalb als auch zwischen diesen beiden gegensätzlichen ethnisch-nationalistischen Traditionen – britischer Unionismus versus irischer Nationalismus – bestehen bedeutende Unterschiede nicht nur im Hinblick auf religiöse Zugehörigkeit,

[34] Vgl. ebd., S. 33-34.
[35] Vgl. ebd., S. 35-36.

2. Der irische Republikanismus – theoretische Grundlagen

sondern auch in Bezug auf die staatliche Identität. Nicht alle Protestanten sehen sich selbst als Briten und als Unionisten an. Und selbst unter denen, die sich als Briten ansehen, existiert eine beachtliche Minderheit, die sich selbst nicht als unionistisch beschreibt. Dasselbe gilt für die Katholiken: Auch sie identifizieren sich nicht alle mit nationalistischen Zielen und nehmen nicht alle eine territoriale Identität mit dem Süden Irlands für sich in Anspruch.

In Nordirland sind religiöse Zugehörigkeit, ethnische Identität, nationale Identität und territoriale Loyalität alle auf eine komplexe Art und Weise miteinander verknüpft. Es sind diese ineinander greifenden Aspekte, die nicht nur die ethnisch-nationalistische Basis des Konflikts stellen, sondern auch seine sich wiederholende und verstärkende Natur erklären.

## 2.3. Die historische Entwicklung des irischen Nationalismus und Republikanismus

Die Wurzeln des irischen Nationalismus reichen weit in die Geschichte Irlands, vor allem aber in die Geschichte der englisch-irischen Konflikte zurück, welche im Mittelalter begannen. Seit dieser Zeit wurde von englischer Seite mehrmals versucht, die irische Insel zu unterwerfen, was schließlich am Ende des 17. Jahrhunderts auch gelang. 1685 hatte der Katholik James II. aus der Stuart-Dynastie den englischen Thron bestiegen, war aber schon 1688/89 im Zuge der „Glorious Revolution" wieder vertrieben und durch den protestantischen Niederländer Wilhelm von Oranien ersetzt worden. Im katholischen Irland fand James II. Unterstützung für sein Ziel, den Thron zurückzuerobern.[36] Die Iren, die noch traumatische Erinnerungen an die blutige Unterdrückung eines Aufstandes durch den englischen Lordprotektor Oliver Cromwell in den vierziger Jahren des 17. Jahrhunderts und ihre damit einhergegangene politische und soziale Entrechtung hatten, schlossen sich James II. an. Dieses hatte zur Folge, dass auch der ohnehin latente Konflikt zwischen den im 17. Jahrhundert nach Nordirland eingewanderten Protestanten englischer und schottischer Herkunft und den Iren eskalierte.[37]

Am 12. Juli 1690 erreichten die militärischen Auseinandersetzungen ihren Höhepunkt: Das protestantisch-britische Heer Wilhelms und das katholisch-irische Heer James II. trafen am Fluss Boyne aufeinander, wo es zu einer gewaltigen Schlacht kam, aus der die Protestanten als Sieger hervorgingen. Dieser Sieg trug zur endgültigen Festigung der britischen Herrschaft über Irland und zur Dominanz der Protestanten über die katholischen Iren in Nordirland bei.

---

[36] Vgl. Beckett, James Camlin: The Making of Modern Ireland. 1603-1923, London: Faber and Faber, 1981, S. 142-143.
[37] Vgl. Valandro: Das Baskenland und Nordirland, S. 68-69.

## 2. Der irische Republikanismus – theoretische Grundlagen

In Erinnerung an diesen Sieg hält der protestantische Oranierorden seit 1807 in jedem Sommer Paraden und Märsche in ganz Nordirland ab. Diese dienen neben der Provokation der katholischen Nordiren auch der Zurschaustellung der protestantischen Überlegenheit und der Selbstdarstellung, indem Symbole wie der britische Union Jack, die Flagge Nordirlands und orangene Schärpen verwendet werden.[38] Die Demütigung der Katholiken wurde und wird dadurch gesteigert, dass ein Großteil der traditionellen Paraderouten durch katholische Wohngebiete führt, was als Demonstration einer allgegenwärtigen protestantischen Hegemonie zu verstehen ist. Die Paraden des Oranierordens führen oftmals zu gewalttätigen Zusammenstößen mit den katholischen Bewohnern.

Nach der endgültigen militärischen Unterwerfung Irlands am Ende des 17. Jahrhunderts versuchten die Briten, insbesondere den Nordteil der Insel durch die Ansiedelung englischer und schottischer Siedler („Plantation") zu kolonisieren und zu anglisieren. Im 18. Jahrhundert gründeten sich irisch-nationalistische Gruppierungen, die Widerstand gegen die britischen Maßnahmen leisteten.[39] Der irische Nationalismus kann somit bereits in seiner Entstehungsphase als eine Ideologie charakterisiert werden, welche in erster Linie defensiv gegen die britische Hegemonie in Irland und die damit verbundenen Auswirkungen gerichtet war. Der Katholizismus als ethnisch-religiöse Identifikation stand dabei im Gegensatz zum Protestantismus der Briten und bildete folglich einen großen Bestandteil des Selbstverständnisses der irisch-nationalistischen Ideologie.[40]

Die fortschreitende Auflösung des sozialen und politischen Gefüges des gälischen Irland hatte zur Folge, dass die katholische Bevölkerung der Insel in eine Identitätskrise geriet. Trotz der immer wieder auftretenden Widerstandsbewegungen war Irland fest in das System der britischen Hegemonie eingebunden.[41] Aus diesem Grund entstand im 18. Jahrhundert die Tradition der Geheimgesellschaften und des von diesen Gesellschaften ausgehenden bewaffneten Widerstandes gegen die Briten.[42]

1791 gründete der protestantische Rechtsanwalt Theobald Wolfe Tone die „Society of United Irishmen", um Protestanten und Katholiken im Sinne eines unabhängigen Irland zu

---

[38] Vgl. Bottigheimer, Karl S.: Geschichte Irlands, Berlin u. a.: Kohlhammer, 1985, S. 184.

[39] Vgl. Gallenmüller, Dagmar: Die „irische Frage". Eine historische Studie zu einem gegenwärtigen Konflikt [= Europäische Hochschulschriften, Bd. 730], Frankfurt am Main u. a.: Lang, 1997, S. 23-33.

[40] Vgl. Hobsbawm, Eric J.: Nationen und Nationalismus. Mythos und Realität seit 1780, 2. Aufl., Frankfurt am Main; New York: Campus Verlag, 1992, S. 83-85.

[41] Vgl. Multhaupt, Wulf Friedrich: Die Irisch-Republikanische Armee (IRA). Von der Guerilla-Freiheitsarmee zur modernen Untergrundorganisation, Dissertation, Bonn, 1988, S. 30-36.

[42] Vgl. Valandro: Das Baskenland und Nordirland, S. 71.

## 2. Der irische Republikanismus – theoretische Grundlagen

vereinigen. Diese Organisation stand in der Tradition der irischen Geheimgesellschaften und ihre Formierung am Ende des 18. Jahrhunderts war kein Zufall: Die Revolutionen in Amerika (1774-1783) und in Frankreich (1789) waren Signale für das Streben nach Unabhängigkeit bzw. nach den Idealen von Freiheit, Gleichheit und Brüderlichkeit, die weltweit bekannt wurden. Die wichtigsten Forderungen der „United Irishmen" waren die religiöse Gleichberechtigung aller Iren sowie eine unabhängige irische Republik. Darüber hinaus wurden auch politische und gesellschaftliche Reformen angestrebt.[43] Tone gilt als Begründer der irisch-republikanischen Bewegung.[44]

1798 wurde die Bewegung Tones von den Briten nach einem gescheiterten Aufstand niedergeschlagen. Zudem reagierten die Briten auf den irischen Aufstand mit dem „Act for the Union of Great Britain and Ireland", mit dem die Integration Irlands in das britische Königreich verstärkt wurde. Die Folge war, dass sich die britisch-protestantische Hegemonie in Irland in politischer, sozialer und ökonomischer Hinsicht verfestigte, wohingegen die katholische Bevölkerungsgruppe in all diesen Bereichen weitgehend benachteiligt wurde.[45]

Im 19. Jahrhundert formierten sich diverse irisch-nationalistische Gruppen, welche auf unterschiedliche Weise die Lösung der so genannten „irischen Frage" anstrebten. 1823 gründete sich unter der Führung des katholischen Rechtsanwalts Daniel O'Conell die „Catholic Association".[46] Diese Vereinigung kritisierte die Diskriminierung der Katholiken und forderte ein unabhängiges irisches Parlament. Angestrebt wurde die Autonomie Irlands im Rahmen des Vereinigten Königreiches. Die „Catholic Association" entwickelte sich zu einer Massenbewegung und es gelang ihr mit Hilfe der katholischen Kirche, die katholischen Iren zu mobilisieren. O'Conell begründete den konstitutionellen Nationalismus in Irland, welcher zwar für Reformen kämpfte, im Gegensatz zum Republikanismus die Zugehörigkeit der Insel zu Großbritannien jedoch nicht in Frage stellte.[47]

Im Zuge des starken Bevölkerungsanstieges setzte im 19. Jahrhundert ein starker demographischer und sozialer Wandel in Irland ein. Die große Hungersnot von 1846 bis 1848/49 forderte mehr als eine Million Tote, wobei besonders die von der Landwirtschaft

---

[43] Vgl. O'Brien, Máire und Connor Cruise O'Brien: A Concise History of Ireland, London: Thames & Hudson, 1995, S. 89-90.

[44] Vgl. Bartlett, Thomas: The Burden of the Present: Theobald Wolfe Tone, Republican and Separatist, in: David Dickson, Dáire Keogh und Kevin Whelan (Hrsg.): The United Irishmen. Republicanism, Radicalism and Rebellion, Dublin: The Lilliput Press, 1993, S. 1-15, hier: S. 6-7.

[45] Vgl. Valandro: Das Baskenland und Nordirland, S. 71.

[46] Vgl. Finn, Joe und Michael Lynch: Ireland and England. 1798-1922, London: Hodder & Stoughton, 1995, S. 17.

[47] Vgl. Gallenmüller: Die „irische Frage", S. 37-38.

## 2. Der irische Republikanismus – theoretische Grundlagen

abhängige katholische Bevölkerung betroffen war. Eine Konsequenz der Hungersnot war die Restrukturierung der Landwirtschaft und damit einhergehend ein massiver sozialer Wandel, der für Teile der irischen Bevölkerung mit einer weiteren Verarmung verbunden war.[48] Die Unwilligkeit und Unfähigkeit der britischen Regierung zur Bekämpfung der Hungersnot sowie die Enttäuschung vieler Iren über die erfolglose Politik der „Catholic Association" führten zur Entstehung republikanischer Gruppierungen.[49]

Eine weitere Konsequenz der irischen Hungersnot war die Massenemigration in die Vereinigten Staaten. Viele Auswanderer behielten die nationalistischen Ideale und die Forderung nach der irischen Autonomie bei. Diese nationalistische Einstellung wurde durch die meist katastrophalen Lebensbedingungen der irischen Migranten in den USA weiter verstärkt, da sie das Leben in ihrer Heimat umso schöner erscheinen ließ.[50] Auf dieser Basis der starken Verbindung zwischen irischer Diaspora und ihrem Herkunftsland formierte sich in den USA der republikanische Geheimbund „Fenian Brotherhood" (Fenier).[51] 1858 ging aus den auf die Vereinigten Staaten konzentrierten Feniern die in Irland agierende „Irish Republican Brotherhood" (IRB) hervor.[52] Beide Organisationen waren eng miteinander vernetzt und teilten dieselbe Ideologie.[53] Der zentrale Bestandteil dieser Ideologie war ein radikaler irischer Republikanismus mit der Forderung nach einer unabhängigen irischen Republik. Da sowohl die Fenier als auch die IRB Gewalt als legitimes Mittel zur Erreichung ihrer Ziele befürworteten, wurden ihre radikal-republikanischen Forderungen auch von militärischen Aktivitäten begleitet.

Zeitgleich entwickelte auch der seit dem Scheitern der „Catholic Association" in den Hintergrund geratene konstitutionelle Nationalismus eine neue Dynamik. 1870 schlossen sich in Dublin irische Abgeordnete des britischen Parlaments zur „Home Rule League" zusammen. Diese setzte sich für eine Kompromisslösung der irischen Frage auf politischer Ebene ein, wobei ein eigenständiges irisches Parlament und eine weitreichende Autonomie im Rahmen des britischen Königreiches ihr erklärtes Ziel waren. Der Gutsbesitzer Charles Stuart

---

[48] Vgl. Beckett: The Making of Mordern Ireland, S. 334-336.
[49] Vgl. Gallenmüller: Die „irische Frage", S. 40.
[50] Vgl. Wilson, Andrew J.: Irish America and the Ulster Conflict. 1968-1995, Washington: Catholic University of America Press, 1995, S. 5.
[51] Die Fenier benannten sich nach einer in der keltischen Mythologie wegen ihrer Tapferkeit und Opferbereitschaft berühmten Streitmacht.
[52] Vgl. Coogan, Tim Pat: The IRA, 4., völlig neu bearb. Aufl., London: HarperCollins, 1995, S. 13-14.
[53] Vgl. Laffan, Michael: Gewalt und Terror im Irland des 20. Jahrhunderts: Die Irish Republican Brotherhood und die IRA, in: Wolfgang J. Mommsen und Gerhard Hirschfeld (Hrsg.): Sozialprotest, Gewalt, Terror. Gewaltanwendung durch politische und gesellschaftliche Randgruppen im 19. und 20. Jahrhundert, Stuttgart: Klett-Cotta, 1982, S. 181-197, hier: S. 182.

## 2. Der irische Republikanismus – theoretische Grundlagen

Parnell war Führer der „Home Rule League" und wurde 1875 für die Home Rule-Bewegung ins britische Unterhaus gewählt.[54] Zwar konnte die Bewegung durch ihre wichtige Rolle bei der Mehrheitsbildung im britischen Parlament großen Einfluss gewinnen, doch das Streben nach einer Autonomieregelung für Irland scheiterte 1886 am geschlossenen Widerstand der Protestanten in Irland sowie der britischen Konservativen, welche sich als Vertreter der protestantischen Interessen in Nordirland verstanden.[55] Diese schwere parlamentarische Niederlage in der Frage der Home Rule war die entscheidende Zäsur für Parnells politische Bewegung, die nach dessen Tod 1891 neu organisiert werden musste.

Als Konsequenz der Niederlage der Home Rule-Bewegung gewann der irische Republikanismus wieder stärker an Bedeutung und es wurde erneut die Forderung nach einer gewaltsamen Beendigung der britischen Herrschaft in Irland und nach der vollständigen Unabhängigkeit einer irischen Republik unter Einschluss des mehrheitlich protestantischen Nordirland gestellt.[56]

Von den Protestanten in Nordirland wurde der irische Nationalismus immer stärker als eine Bedrohung wahrgenommen.[57] 1912 wurde im britischen Unterhaus eine neue Home Rule-Vorlage eingebracht und verabschiedet, was bei den nordirischen Protestanten heftigen Widerstand hervorrief, da sie in einem autonomen Irland eine Marginalisierung und den Verlust ihrer traditionellen Hegemonie in Nordirland fürchteten. In Anbetracht dieses Widerstandes wurde von britischer Seite in der Home Rule-Frage 1914 eine Sonderregelung für Nordirland festgelegt, welche schließlich 1920/21 zur Teilung Irlands führte.[58]

### 2.4. Die republikanische Ideologie nach der Teilung Irlands

Nach der Teilung der irischen Insel stand die Forderung nach einem vereinten, unabhängigen Irland im Zentrum der republikanischen Ideologie. Die Nationalisten teilten diese Forderung, der bedeutendste Unterschied lag jedoch in der Einstellung zur Gewalt: Die Republikaner unterstützten den Einsatz von Gewalt, um ihr Ziel zu erreichen, wohingegen die Anhänger des Nationalismus militärischen Aktivitäten ablehnend gegenüberstanden. Somit sind die irischen

---

[54] Vgl. Valandro: Das Baskenland und Nordirland, S. 74.
[55] Vgl. Boyce, George: Ethnicity versus Nationalism in Britain and Ireland, in: Peter Krüger (Hrsg.): Ethnicity and Nationalism. Case Studies in their Intrinsic Tension and Political Dynamics [=Marburger Studien zur Neueren Geschichte, Bd. 3], Marburg: Hitzeroth, 1993, S. 75-90, hier: S. 82-83.
[56] Vgl. Multhaupt: Die Irisch-Republikanische Armee, S. 59.
[57] Vgl. Boyce: Ethnicity versus Nationalism in Britain and Ireland, S. 83.
[58] Vgl. MacCarthy Morrogh, Michael: Das irische Jahrhundert, Köln: Tandem, 1998, S. 62-64.

## 2. Der irische Republikanismus – theoretische Grundlagen

Republikaner als radikale Verfechter des irischen Nationalismus zu sehen.[59] Im Folgenden sollen die Elemente der republikanischen Ideologie erläutert werden.

Bis in die sechziger Jahre hinein zeichnete sich die republikanische Bewegung lediglich dadurch aus, dass sie mit dem Mittel des bewaffneten Kampfes die irische Wiedervereinigung und den Rückzug Großbritanniens erzielen wollte – politische Strategien waren so gut wie nicht vorhanden. Zwischen 1962 und 1969 ereigneten sich jedoch bedeutende Veränderungen innerhalb der Bewegung. Obwohl sie in dieser Zeit keine klare theoretische Position vertrat, begann sie, Theorien aufzustellen und bewegte sich erheblich ins linke politische Spektrum hinein. Die Denker der Republikaner waren in dieser Zeit hauptsächlich in der „Wolfe Tone Society" zu finden. Imperialismus-Analysen wurden besonders hervorgehoben und die Bedeutung des Militarismus wurde zugunsten der Politik heruntergestuft. Das Ergebnis dieses Versuchs, den irischen Republikanismus zu theoretisieren, war vernichtend: Die republikanische Bewegung erreichte ihren bisher niedrigsten Beliebtheitsgrad und wurde innerhalb der irischen Politik stärker marginalisiert als jemals zuvor in ihrer Geschichte. Die nordirische Bevölkerung war nicht an einem bewaffneten Kampf interessiert, um den Unionismus zu besiegen und die Bürger im Süden Irlands zeigten keinerlei Interesse an anti-imperialistischen Strategien. Auch der Versuch, im Norden eine anti-imperialistische Einheit aus Katholiken und Protestanten zu bilden, schlug fehl.[60]

Der Republikanismus war somit eine politische Ideologie, die immer mehr an Bedeutung verlor. Das nationalistische Irland stand am Anfang von sozialen und ökonomischen Veränderungen, die das Überleben republikanischer Ansichten bedrohten. Im Süden wurde die protektionistische Wirtschaftspolitik aufgegeben und der Freihandel ermöglicht, was die Entwicklung einer materialistischeren Gesellschaft vorantrieb. Darüber hinaus verbesserten sich die Beziehungen zwischen den beiden irischen Regierungen im Rahmen der Gespräche, die 1965 zwischen dem irischen Ministerpräsidenten Sean Lemass und dem nordirischen Ministerpräsidenten Terence O'Neill stattfanden. Diese Entwicklungen bildeten die Grundlage für ein nachlassendes Interesse am Teilungskonflikt sowie für ein konsequentes Miteinander von Nord- und Südirland. Doch im Laufe des Jahrzehnts änderte sich dieser Zustand: Der Republikanismus lebte durch die Bürgerrechtsbewegung wieder auf und

---

[59] Vgl. Ó Ceallaigh, Daltún: Irish Republicanism. Good Friday & After, Dublin: Elo Press, 2000, S. 136.
[60] Vgl. Murray und Tonge: Sinn Féin and the SDLP. From Alienation to Participation, S. 17.

2. Der irische Republikanismus – theoretische Grundlagen

gelangte in eine Position, in der er dazu in der Lage war, seine Anti-Teilungs-Offensive erneut aufzunehmen.[61]

Die Republikaner erhofften sich von der Bürgerrechtsbewegung, die sich mit Themen wie Arbeitslosigkeit und der gerechten Vergabe von kommunalen Wohnungen und Häusern auseinander setzte, ein Ende der sektiererischen Trennung sowie eine Grundlage für die Einheit einer anti-imperialistischen Arbeiterklasse. Katholiken und Protestanten würden sich zusammenschließen, um die Regime im Norden und Süden zu stürzen und folglich die irische Einheit herbeizuführen. Diese Hoffnungen erfüllten sich jedoch nicht, da die Unionisten die Bürgerrechtsbewegung als von den Republikanern initiiert ansahen und aus diesem Grunde ablehnten.[62]

1969 erreichte die republikanische Auseinandersetzung mit anti-imperialistischer Politik ihren Höhepunkt. Das Grundsatzprogramm „Ireland Today" beschrieb den Süden Irlands als dasjenige Gebiet, in dem die größte anti-imperialistische Einheit möglich sei. Für die Unionisten Nordirlands war die Ansicht der republikanischen Führung, dass eine gemeinsame Agenda in Bezug auf Arbeitsplätze und Wohnbedingungen die unionistische Identität ändern und auf diese Weise zu einer sozialistischen irischen Republik führen würde, wenig überzeugend.[63]

Ende der sechziger Jahre spaltete die republikanische Bewegung sich in zwei Richtungen auf: eine dominierende, welche die traditionelle Gesinnung des militanten katholischen Nationalismus repräsentierte (die Provisionals) und eine schwächere Form des Republikanismus, der Inhalte sowohl der britischen Sozialdemokratie als auch des Moskauer Marxismus übernahm (die Officials).[64] Der äußerliche Anlass für die Spaltung war die Auseinandersetzung um eine der bis dahin wichtigsten Strategien der Republikaner – den Abstentionismus, d. h. die Nicht-Einnahme von Parlamentssitzen. Während die Officials sich für die Abschaffung dieser Strategie aussprachen, sahen die Provisionals das Ende des Abstentionismus als Verrat an der republikanischen Bewegung und ihren konstitutiven Idealen an.[65]

---

[61] Vgl. Walsh, Pat: Irish Republicanism and Socialism. The Politics of the Republican Movement 1905 to 1994, Belfast: Athol Books, 1994, S. 242.
[62] Vgl. Murray und Tonge: Sinn Féin and the SDLP. From Alienation to Participation, S. 19.
[63] Vgl. ebd.
[64] Vgl. Walsh: Irish Republicanism and Socialism, S. 242-243.
[65] Vgl. Schulze-Marmeling, Dietrich: Republikanismus und Sozialismus in Nordirland. Theorie und Praxis in der nordirischen Krise, Frankfurt am Main: isp-Verlag, 1986, S. 61-62.

## 2. Der irische Republikanismus – theoretische Grundlagen

Die Provisionals verstanden sich als die legitime Fortsetzung des irischen Republikanismus, der ihrer Ansicht nach von den Officials verraten worden war. Es gelang ihnen, die republikanischen Traditionalisten ganz Irlands zu vereinen. Doch nicht nur Traditionalisten, sondern auch viele junge Menschen, die in den katholischen Ghettos von Belfast, Derry und anderen Städten aufgewachsen waren, schlossen sich den Provisionals an, da diese die Verteidigung der Ghettos gegen Unionisten, britische Soldaten und die überwiegend protestantische nordirische Polizei Royal Ulster Constabulary (RUC) übernahmen. Die politische Sozialisation dieser jungen Bürger wurde weniger durch die Überlieferung republikanischer Traditionalismen, sondern vielmehr durch die unmittelbare Konfrontation mit den politischen und sozialen Realitäten des sektiererischen nordirischen Staatswesens bestimmt.[66]

Die Provisionals waren anti-kapitalistisch, wobei ihr Anti-Kapitalismus nicht mit Sozialismus gleichzusetzen war. Der Katholizismus, welcher bei den Provisionals von großer Bedeutung war, hatte die Großindustrie traditionell mit dem Protestantismus gleichgesetzt und stand ihr aus diesem Grund ablehnend gegenüber. Er unterstützte folglich kleine Hersteller und die ländliche Bevölkerung, da diese seiner Ansicht nach der Aufrechterhaltung des katholischen Glaubens förderlicher waren. Der katholische Anti-Kapitalismus der Provisionals offenbarte sich darin, dass der Kommunismus für diejenigen Merkmale kritisiert wurde, die er mit dem Liberalismus teilt. Die Charakteristika der liberalen Gesellschaft – säkulare Kontrolle der Bildung; Heirat als ein ziviler Vertrag; Religion als Privatangelegenheit – wurden als kommunistische Forderungen angesehen.[67]

Im Laufe der siebziger Jahre ging die Führung der Provisionals in eine jüngere Generation über, deren Mitglieder ebenfalls praktizierende Katholiken waren. Was sie jedoch von ihren Vorgängern unterschied, war die Tatsache, dass sie nicht alle Formen des Liberalismus, Säkularismus und Sozialismus als Irrglaube ansahen und ihnen offener gegenüberstanden. Variationen davon wurden sowohl auf praktischer als auch auf rhetorischer Ebene übernommen, doch all das, was das republikanische Ziel eines vereinten, unabhängigen Irlands gefährden könnte, wurde gemieden.[68]

---

[66] Vgl. ebd., S. 62-63.
[67] Vgl. Walsh: Irish Republicanism and Socialism, S. 243-244.
[68] Vgl. ebd., S. 244.

## 2. Der irische Republikanismus – theoretische Grundlagen

Der nordirische Konflikt wurde von den Republikanern[69] als britischer Imperialismus versus Anti-Imperialismus beschrieben. Die Ursache des britischen Imperialismus wurde dabei in ökonomischen Motiven gesehen. Diese Argumentation erwies sich jedoch als unhaltbar, da die britische Herrschaft in Nordirland nicht auf dem Streben nach wirtschaftlichen Profiten beruht. Folglich sah die republikanische Bewegung sich gezwungen, nach anderen Erklärungen für ihren Kampf zu suchen und argumentierte wie folgt: Großbritanniens strategische Interessen seien der Grund für die britische Ablehnung irischer Einheit und Unabhängigkeit. Die britische Politik sei das Produkt der Interessen der herrschenden britischen Klasse. Wenn es gelänge, diese Klasse mit militärischen Mitteln zu bekämpfen, würde Großbritannien sich aus dem Norden Irlands zurückziehen und die irische Insel könnte wiedervereinigt werden. In dieser Analyse vergaßen die Republikaner jedoch ein wichtiges Element: die unionistisch-protestantische Gemeinschaft in Nordirland.[70]

Die republikanische Analyse des Unionismus basierte in den siebziger Jahren überwiegend auf der Theorie des „falschen nationalen Bewusstseins". Diese besagt, dass die Protestanten schlicht und einfach Iren sind, die sich jedoch gegen ihre Nationalität wehren und aus diesem Grund zur Vernunft gebracht werden müssen. Die Republikaner gingen zunächst davon aus, dass dieses mit militärischen Mitteln erreicht werden könne, was sich jedoch als falsch erwies, da die militärischen Aktionen lediglich die Entschlossenheit der Protestanten, nicht in ein vereinigtes Irland eingegliedert zu werden, verstärkte. Daraufhin entwickelte sich die Behauptung, dass die Einbeziehung der Protestanten in ein vereintes Irland das nötige Verständnis für ihr „Irisch-Sein" hervorbringen würde. Nach Ansicht der republikanischen Bewegung würden die Unionisten, nachdem die Verbindung zu Großbritannien aufgehoben worden ist, aus bloßer Not akzeptieren, dass sie ein Teil der irischen Nation sind. Die Theorie des „falschen nationalen Bewusstseins" erwies sich für die pragmatischeren Republikaner als unhaltbar.[71]

Im Laufe der achtziger Jahre entwickelte sich eine neue Theorie, welche die des „falschen nationalen Bewusstseins" ersetzte. Die Republikaner sahen den Unionismus als eine Verschwörungstheorie an: Er sei das Werk des britischen Imperialismus, der versucht habe, seine Vorherrschaft in Irland aufrechtzuerhalten, indem er dort eine Gemeinschaft errichtet

---

[69] Da die Officials sich bald nach ihrer Gründung gänzlich von der republikanischen Bewegung entfernten, wird im Folgenden nicht mehr zwischen Provisionals und Officials unterschieden.
[70] Vgl. Walsh: Irish Republicanism and Socialism, S. 248-249.
[71] Vgl. ebd., S. 252.

## 2. Der irische Republikanismus – theoretische Grundlagen

habe, die eine verlässliche Basis für die Reaktion auf die progressive Bewegung für irische Einheit und Unabhängigkeit sei. Laut dieser Analyse ist der Unionismus nichts anderes als ein Werkzeug des Imperialismus und Teil einer Verschwörung, um das irische Volk zu teilen.[72] Diese Verschwörungstheorie ist aus zwei Gründen innerhalb des Republikanismus sehr beliebt gewesen. Zum einen ermöglichte sie es den Anti-Unionisten, Protestanten jegliche politischen und sozialen Rechte zu verweigern. Zum anderen half sie der republikanischen Bewegung, ihre politische Motivation mit der utopischen Ansicht aufrechtzuerhalten, dass das Ende der britischen Präsenz und des britischen Einflusses automatisch den Zusammenbruch der protestantischen Gemeinschaft garantieren würde, indem ihr die Grundlage ihrer Existenz – die Verbindung zu Großbritannien – entzogen würde.[73]

Eine weitere Unionismus-Theorie, welche in bestimmten Teilen der republikanischen Bewegung übernommen wurde, war in Anlehnung an Lenin die Theorie der „Arbeiteraristokratie". Diese ging hauptsächlich von der nationalistischen Linken aus, die die protestantische Feindschaft in marxistisch-ökonomischen Begriffen erklären wollte. Mit der Theorie wurde argumentiert, dass der Unionismus für die protestantischen Arbeiter deutliche materielle Vorteile – bessere Wohnungen, bessere Arbeitsplätze, höhere Löhne etc. – geschaffen habe. Diese Entwicklung habe den Effekt gehabt, dass die Protestanten sich dem Unionismus und dessen reaktionären Führern auf der politischen Ebene bedingungslos anschlossen. Es zeigte sich jedoch, dass die Anwendung dieser Theorie auf die protestantische Arbeiterklasse einige Probleme mit sich brachte. So müsste z. B. laut Theorie die stärkste Unterstützung des Unionismus von denjenigen Arbeitern ausgehen, die am meisten von den materiellen Vorteilen profitieren. In der Realität war jedoch das genaue Gegenteil der Fall.[74]

In den späten achtziger Jahren wurde die Gesamthaltung innerhalb der republikanischen Bewegung pluralistischer und umfasste sowohl säkulare, feministische und sozialistische als auch traditionelle katholisch-nationalistische Inhalte. Im Hinblick auf die Analyse des nordirischen Konflikts änderte sich wenig an der Haltung der Republikaner – die britische Präsenz in Irland wurde nach wie vor als kolonial definiert. Im Gegensatz zu den kolonialen Strukturen sah der Republikanismus sich selbst als „an ideology of the dispossessed seeking

---

[72] Vgl. ebd., S. 249-250.
[73] Vgl. ebd., S. 250.
[74] Vgl. Bew, Paul und Henry Patterson: The British State and the Ulster Crisis, London: Verso, 1985, S. 143-144.

## 2. Der irische Republikanismus – theoretische Grundlagen

equality".[75] Die koloniale Natur der britischen Präsenz rechtfertigte nach Ansicht der republikanischen Bewegung den Einsatz von Gewalt, um die Briten aus Irland zu vertreiben.

Im Laufe der achtziger Jahre verbreitete sich allerdings auch die Erkenntnis, dass die Republikaner ihre Ansichten nicht einfach jedem aufdrängen konnten. Zwar hatten sie eine Vision des zukünftigen Irlands, doch sie erkannten, dass die Mehrheit auf der Insel dieser Vision ablehnend gegenüberstand. Das Konzept der Selbstbestimmung wurde formeller und in einen Kontext eingebunden, in dem die verschiedenen Gruppen auf der irischen Insel frei über deren konstitutionelle und institutionelle Zukunft entscheiden und in dem die Rechte von Minderheiten geschützt werden würden.[76]

Dennoch stritt die republikanische Bewegung nach wie vor die Legitimität der britischen Präsenz ab und betonte deren negative Effekte. Die Anhänger der Bewegung strebten aktiv die irische Wiedervereinigung an, verteidigten das Recht auf den Einsatz von Gewalt, wenn der – jetzt neu definierte – Prozess der irischen Selbstbestimmung auf unbestimmte Zeit blockiert werden sollte, und standen Möglichkeiten einer Reform innerhalb Nordirlands skeptisch gegenüber.[77]

Die heutige republikanische Ideologie besteht aus fünf Hauptelementen: 1. Separatismus, d. h. Abtrennung der gesamten irischen Insel vom Vereinigten Königreich; 2. Säkularismus, d. h. Trennung von Religion und Politik; 3. Anti-Sektierertum, d. h. Ablehnung einer Politik, die an konfessionellen Trennungslinien ausgerichtet ist bzw. Aufhebung der konfessionell bestimmten Spaltung der irischen Unterklassen; 4. Nationalismus, d. h. Aufhebung des nordirischen Separatstaates zu Gunsten der irischen Wiedervereinigung; 5. eine radikale Sozialpolitik.[78]

Die Republikaner fordern somit weiterhin das Recht der irischen Bevölkerung auf ungehinderte Selbstbestimmung. Sie sehen die Republik Irland als einen von der Bevölkerung gebilligten und entscheidenden Ausgangspunkt für ein unabhängiges Irland an. Die republikanische Bewegung möchte alle Iren vereint sehen, wobei diese Einheit nicht kulturelle Homogenität oder administrativen Zentralismus bedeutet. Es wird nicht erwartet, dass Irisch in naher Zukunft als Landessprache etabliert wird, doch die Zweisprachigkeit soll

---

[75] Adams, Gerry: The Politics of Irish Freedom, Dingle: Brandon, 1986, S. 113.
[76] Vgl. Hume-Adams Document 1992/3, abgedruckt in : O'Brien, Brendan: The Long War. The IRA and Sinn Féin, 2. Aufl., New York: Syracuse University Press, 1999, S. 424-425, hier: S. 424.
[77] Vgl. Ruane und Todd: The Dynamics of Conflict in Northern Ireland, S. 103.
[78] Vgl. Schulze-Marmeling, Dietrich und Ralf Sotscheck: Der lange Krieg. Macht und Menschen in Nordirland, Göttingen: Verlag Die Werkstatt, 1989, S. 373.

## 2. Der irische Republikanismus – theoretische Grundlagen

so weit wie möglich unterstützt werden. Das vereinte Irland soll durch soziale Gerechtigkeit und lokale Unterstützung für alle Bürger geprägt sein; Selbstverwaltung und Selbstachtung sind zwei wichtige Schlagwörter der heutigen republikanischen Ideologie. Um diese Ziele zu erreichen, sei die Entwicklung eines progressiven Bündnisses erforderlich, welches in erster Linie – jedoch nicht ausschließlich – in den Reihen der Lohn- und Gehaltsempfänger verwurzelt sein sollte, da diese im modernen Irland die Mehrheit stellen. Was die Religionszugehörigkeit betrifft, sind die Republikaner der Ansicht, dass sie eine reine Privatangelegenheit ist.[79]

Was den Unionismus angeht, so erscheint es für den Republikanismus nach wie vor schwierig, zu verstehen, was er genau bedeutet und wie er definiert wird. Dieses wird an einer Erklärung republikanischer Paramilitärs aus dem Jahre 2003 deutlich, in der sie zugeben, dass sie die unionistischen Ansichten nicht gänzlich verstünden, aber bereit seien, den Unionisten zuzuhören und zu lernen. Die Republikaner versuchen nicht mehr, den Unionismus mit diversen Theorien zu analysieren, sondern stellen die Unionisten als eine ängstliche Gemeinschaft dar, die sich von den Katholiken bedroht fühlt.[80]

Das Volk steht im Mittelpunkt des heutigen irischen Republikanismus. Sein wichtigstes Anliegen ist das Wohlergehen der Bevölkerung in jedweder materieller und intellektueller Hinsicht. Für Republikaner sind die Menschen nicht einfach Konsumenten oder Produzenten, Arbeitnehmer oder Arbeitgeber, sondern in einen spezifischen nationalen Kontext eingebundene Personen, die über vielseitige Potentiale verfügen und aus diesem Grund bei der Verwirklichung ihrer Ziele mit allen Mitteln unterstützt werden sollten. Der Begriff „Volk" bezieht sich auf die gesamte Bevölkerung und nicht lediglich auf vermögende Bevölkerungsmitglieder. Folglich werden die Menschen als Bürger mit Rechten und nicht schlicht als Subjekte mit Verpflichtungen angesehen. Es gibt keine untergeordneten Bürger, da alle gleichberechtigt sind.[81]

Ein weiterer wichtiger Bestandteil der heutigen republikanischen Ideologie ist die Betonung des „Irisch-Seins". Sie nimmt die Ethnizität in ihren positiven Aspekten wahr, weist aber entschieden jegliche Art von Rassismus oder Chauvinismus zurück. Republikaner setzen sich für die Überwindung der individuellen Entfremdung durch eine Aufwertung der nationalen Gemeinschaft ein. Eine solche Gemeinschaft stellt ihrer Ansicht nach auch eine Alternative zu

---

[79] Vgl. Ó Ceallaigh: Irish Republicanism, S. 132-133.
[80] Vgl. Maillot: New Sinn Féin. Irish Republicanism in the Twenty-First Century, S. 59-60.
[81] Vgl. Ó Ceallaigh: Irish Republicanism, S. 133-134.

2. Der irische Republikanismus – theoretische Grundlagen

einem kosmopolitischen Zustand mangelhafter gesellschaftlicher Integration dar. Die republikanische Bewegung sieht es als ihre Aufgabe an, dabei zu helfen, eine demokratische Weltordnung zu schaffen, die gegenseitige Abhängigkeit und nationale Besonderheiten miteinander kombiniert.[82]

---

[82] Vgl. ebd., S. 134-135.

# 3. Sinn Féins historische Entwicklung

## 3.1. Politik der Verweigerung

Der Parteiname „Sinn Féin" ist irisch und heißt übersetzt „Wir selbst". Mit ihm sollen die politischen Forderungen und das Selbstverständnis der Partei ausgedrückt werden: nationale Selbstbestimmung und Selbstvertrauen, was nur durch die Trennung von Großbritannien und die Beendigung britischen Einflusses in Irland zu erreichen ist.[83] Der Dubliner Journalist Arthur Griffith gründete Sinn Féin am 28. November 1905. Er setzte sich für die Rückbesinnung auf keltische Werte ein und machte sich in nationalistischen Kreisen einen Namen, als er 1904 unter dem Titel „The Resurrection of Hungary" eine Sammlung von Vorschlägen veröffentlichte. In diesem Dokument beschrieb er wie die Ungarn sich weigerten, ihren Repräsentanten zu erlauben, im österreichischen Parlament zu erscheinen: „Six years of persistence in this attitude reduced the imperial parliament to impotence."[84] Griffith befürwortete einen ähnlichen Ansatz für sein Land, da Irland seiner Ansicht nach – solange es von London aus regiert wurde – auf den Status einer Provinz beschränkt blieb und keine eigenständige Nation werden konnte. So schlug er vor, dass die gewählten Repräsentanten ihre Sitze in Westminster nicht einnehmen und stattdessen ihr eigenes Parlament in Irland gründen sollten.

Griffiths Vorstellung von Unabhängigkeit beinhaltete auch die Autarkie. Er war davon überzeugt, dass politische Autonomie lediglich von geringer Bedeutung sei, wenn sie nicht von ökonomischer Unabhängigkeit unterstützt würde. Um diese Unabhängigkeit zu erreichen, führte er Kampagnen durch, in denen er die Iren dazu aufrief, irische Produkte zu kaufen, damit die einheimischen Industrien gefördert werden konnten. Diese protektionistische und isolationistische Politik zeigte, dass Griffith die Ressourcen der Insel überschätze.[85] Seiner Ansicht nach war diese Politik jedoch ein wichtiger Bestandteil des „Sinn Féin Programme", welches er 1905 auf einer nationalistischen Versammlung vorstellte. Griffith war kein Republikaner. Es war nicht sein Ziel, alle Verbindungen zwischen Irland und Großbritannien zu durchtrennen, sondern eine Doppelmonarchie unter der britischen Krone zu errichten – sofern Irland ökonomische und politische Autonomie erhielt. Den bewaffneten Widerstand hielt er für kontraproduktiv und befürwortete stattdessen passiven Widerstand.[86]

---

[83] Vgl. Feeney: Sinn Féin. A Hundred Turbulent Years, S. 18.
[84] Griffith, Arthur: The Resurrection of Hungary, Dublin: James Duffy, 1904, S. 85.
[85] Vgl. Lyons, Francis: Ireland Since the Famine, London : Fontana, 1983, S. 254.
[86] Vgl. Maillot: New Sinn Féin. Irish Republicanism in the Twenty-First Century, S. 8.

## 3. Sinn Féins historische Entwicklung

Der so genannte Osteraufstand[87] brach mit Griffiths Idealen, da er nicht nur mit Waffengewalt geführt wurde, sondern die Proklamation der Irischen Republik auch die Ablehnung jeglicher Verbindung mit der britischen Krone implizierte. Nach dem Osteraufstand schlossen sich die Befürworter der Proklamation zu einer Koalition zusammen. Obwohl diese nur wenig mit der Partei von Griffith gemein hatte, behielt sie den Namen Sinn Féin bei. Sie wurde von Eamon de Valera geführt, war heterogen und vertrat politische Standpunkte, die meist keinerlei Zusammenhang aufwiesen. Bei den britischen Parlamentswahlen 1918 stellte Sinn Féin in ihrem Informationsmaterial für Wähler unmissverständlich klar, dass ihre Kandidaten die Sitze in Westminster nicht einnehmen würden, sollten sie gewählt werden. Sinn Féin gewann 73 Sitze[88], deren Inhaber sich im Mansion House in Dublin versammelten und dort ein irisches Parlament – das Dáil Éireann – gründeten. Auf diese Weise hatte Sinn Féin mit ihrer Politik der Verweigerung erreicht, woran Aufständische gescheitert waren: ein eigenes Parlament, welches in Konkurrenz zum britischen stand. So hatte die Partei – ohne auf Waffen zurückzugreifen – wichtige Aspekte der Führung eines Landes übernommen und konnte für sich in Anspruch nehmen, bis zu einem gewissen Grad die Selbstverwaltung erreicht zu haben. Dadurch entstand ein sich hartnäckig haltender Mythos: Der Abstentionismus war mehr als eine Strategie – er war der Schlüssel zur Unabhängigkeit.[89]

Der von 1919 bis 1921 dauernde Unabhängigkeitskrieg endete mit dem Anglo-Irischen Vertrag, der den aus 26 Grafschaften bestehenden Irischen Freistaat und die sich aus sechs Grafschaften zusammensetzende Provinz Nordirland schuf, welche im Vereinigten Königreich von Großbritannien verblieb. Durch diese Ereignisse erhielt die Politik des Abstentionismus eine neue Dimension: Sie wurde zu einem unantastbaren Prinzip, da die Mitglieder Sinn Féins es als Verrat an den während des Osteraufstandes und des Unabhängigkeitskrieges gefallenen Patrioten ansahen, in einem Parlament zu sitzen, das entweder „ausländisch" (Westminster) oder unrechtmäßig (die Parlamente in den beiden Teilen Irlands) war. Der Abstentionismus erhielt somit eine große symbolische Bedeutung für

---

[87] Der republikanische Osteraufstand in Dublin, in dessen Rahmen am 24. April 1916 die Irische Republik ausgerufen wurde, wurde von den britischen Behörden blutig unterdrückt. Kurz nach dem Aufstand wurden 15 Männer hingerichtet und Hunderte inhaftiert.

[88] Insgesamt waren in Irland 105 Sitze für das britische Unterhaus zu vergeben, so dass Sinn Féin mit 69,5 % der Sitze einen Erdrutschsieg erzielte.

[89] Vgl. Maillot: New Sinn Féin. Irish Republicanism in the Twenty-First Century, S. 9-10.

## 3. Sinn Féins historische Entwicklung

die Republikaner, denn er stand für ihre Weigerung, jegliche Art von Kompromiss zu akzeptieren.[90]

Der Anglo-Irische Vertrag führte im Irischen Freistaat zu einem blutigen Bürgerkrieg (1922-1923) zwischen Vertragsanhängern und –gegnern, wobei Letztere unterlagen. Nach dem Krieg verlor Sinn Féin an Einfluss, was sich an den Wahlen im August 1923 zeigte, als die Partei lediglich 27 % der Stimmen gewann. Sie sah das neu gewählte Parlament als unrechtmäßig an, da es ihrer Meinung nach seine Amtsgewalt nicht vom irischen Volk, sondern durch den Anglo-Irischen Vertrag und somit von Großbritannien erhalten hatte. Durch die Weigerung, ihre Sitze im neuen Parlament einzunehmen, verschlimmerte sich Sinn Féins Isolation erheblich. Von dem Zeitpunkt an zog sie sich zunehmend aus dem politischen Prozess zurück.[91]

In den folgenden zwei Jahrzehnten wurde Sinn Féin von der Irish Republican Army (IRA)[92] und der Fianna Fáil[93] nahezu ersetzt. Der bewaffnete Kampf der IRA ersetzte politische Handlungen für diejenigen, die die durch den Anglo-Irischen Vertrag geschaffenen Institutionen stürzen wollten. Die Fianna Fáil wurde von einem Großteil des irischen Volkes als legitime Repräsentantin des Republikanismus angesehen und übernahm die Rolle der Sinn Féin im politischen System des irischen Freistaates. Auch in Nordirland verlor Sinn Féin seit dieser Zeit an Einfluss. Als die IRA 1948 zum ersten Mal nach dem Ende des Zweiten Weltkrieges zu einer Mitgliederversammlung zusammenkam, wurde beschlossen, Sinn Féin zu neuem Leben zu erwecken, um den Kampf für die Einheit Irlands auch auf politischer Ebene ausfechten zu können.[94]

Im folgenden Jahr wurde der Irische Freistaat durch den „Republic of Ireland Act" zur unabhängigen Republik, was die IRA dazu veranlasste, ihre militärischen Aktivitäten von nun an auf den Norden zu konzentrieren. Während der so genannten „Grenzkampagne", bei der von 1956 bis 1962 18 Männer ums Leben kamen, sollte Nordirland durch eine Serie von

---

[90] Vgl. ebd., S. 11.

[91] Vgl. ebd., S. 12.

[92] Bei der IRA handelt es sich um eine paramilitärische Organisation, die 1919 gegründet wurde, um die britische Vorherrschaft in Irland zu beenden. Nach der Teilung der Insel verlegte sie ihren Schwerpunkt auf den Kampf um ein vereinigtes, unabhängiges Irland. Im Juli 2005 verkündete die IRA das Ende ihres bewaffneten Kampfes.

[93] Der Name dieser Partei stammt aus dem Irischen und bedeutet übersetzt „Soldaten des Schicksals". Eamon de Valera spaltete sich 1926 von Sinn Féin ab, um in das Parlament des Irischen Freistaates eintreten zu können, und gründete die Fianna Fáil. Diese bildete 1932 ihre erste Regierung im Freistaat und ist seitdem – mit Ausnahme von 19 Jahren – stets an der Regierung beteiligt gewesen. Gegenwärtig ist Fianna Fáil stärkste Fraktion im irischen Parlament und größte Partei in der Republik Irland.

[94] Vgl. Rafter, Kevin: Sinn Féin. 1905-2005. In The Shadow of Gunmen, Dublin: Gill & Macmillan, 2005, S. 81.

## 3. Sinn Féins historische Entwicklung

Anschlägen unregierbar gemacht werden, so dass eine Wiedervereinigung unvermeidbar sein würde. Für Sinn Féin war diese Kampagne zunächst von Nutzen, da sie 1957 in den Parlamentswahlen der Republik Irland vier Sitze gewann, die sie wiederum nicht einnahm. Doch diese Erscheinungsformen der Unterstützung waren nur von kurzer Dauer: Im Februar 1962 gestand die IRA ihre Niederlage ein und beendete ihre militärischen Operationen.[95]

In den sechziger Jahren radikalisierte sich Sinn Féin und übernahm ebenso wie die IRA sozialistisches Gedankengut. In der Partei entstand deswegen ab Mitte der sechziger Jahre ein Konflikt zwischen Anhängern der traditionellen nationalistischen Linie und Befürwortern des neuen sozialistischen Kurses, was auf dem Parteitag am 11. Januar 1970 zur Spaltung in die nationalistische Provisional[96] Sinn Féin und die sozialistische Official Sinn Féin führte. Letztere wandte sich in der Folgezeit gänzlich vom irisch-nationalistischen Kurs ab und verfolgte nunmehr rein sozialistische Ziele. 1982 benannte sie sich in The Workers' Party und zehn Jahre später in Democratic Left – The Workers' Party um.[97] Inzwischen handelt es sich bei dieser Gruppierung lediglich um eine unbedeutende Splitterpartei.

Im Gegensatz dazu entwickelte die Provisional Sinn Féin[98] sich in einer ganz anderen Richtung. Ihre Grundsätze richteten sich an traditionell republikanischen Prinzipien aus: 1. die Weigerung gewählter Parteimitglieder, ihre Sitze in institutionellen Gremien und den dazu gehörenden Organisationen einzunehmen (Beibehaltung des Abstentionismus), 2. der unerschütterliche Glaube an die Legitimität und die Effektivität des bewaffneten Kampfes. In den siebziger Jahren handelte es sich bei Sinn Féin mehr um eine Protestbewegung als um eine politische Partei. Zwar wusste die Führung genau, dass ihr Ziel ein vereintes, unabhängiges Irland war, doch es gelang ihr nur selten, die politischen Strategien, die zu diesem Ziel führen sollten, deutlich zu artikulieren.[99]

Das bedeutete jedoch nicht, dass Sinn Féin in diesem Jahrzehnt untätig war. Sie spielte im Gegenteil eine bedeutende Rolle bei der Aufrechterhaltung des bewaffneten Kampfes. Ihre Aktivität konzentrierte sich hauptsächlich darauf, dem Kampf die politische Legitimität zu verleihen, die die IRA benötigte, um neue Mitglieder zu rekrutieren. Darüber hinaus nahm sie

---

[95] Vgl. Neumann: IRA. Langer Weg zum Frieden, S. 55-57.
[96] Die Bezeichnung Provisional – zu Deutsch: vorläufig/provisorisch – entstand aus zwei Gründen: Zum einen wurde sie gewählt, um an die Ausrufung der Provisional Republic während des Osteraufstandes zu erinnern. Zum anderen deutet sie darauf hin, dass die Partei zum Zeitpunkt ihrer Gründung noch nicht über fest etablierte Strukturen verfügte.
[97] Vgl. Valandro: Das Baskenland und Nordirland, S. 101.
[98] Da der Name Official Sinn Féin nicht mehr existiert, ist eine Unterscheidung zwischen Official und Provisional nicht mehr notwendig, weswegen im Folgenden auf den Zusatz Provisional verzichtet wird.
[99] Vgl. Maillot: New Sinn Féin. Irish Republicanism in the Twenty-First Century, S. 18.

an Wahlen teil – hauptsächlich, um das politische System Nordirlands zu unterminieren. 1974 drängte die Partei die Wähler dazu, die britischen Unterhauswahlen zu boykottieren.[100]

## 3.2. Wendepunkt: Der Hungerstreik 1980 – 1981

Am Ende des Jahres 1975 beschloss die Labour-Regierung in London, den Special Category-Status, der republikanischen und loyalistischen[101] Gefängnisinsassen 1972 gewährt worden war, wieder zurückzuziehen. Gefangene mit diesem Status hatten gewisse Privilegien genossen: Sie mussten nicht arbeiten, durften ihre eigene Kleidung tragen, für sie galten großzügigere Besuchsregelungen etc. Das Ziel, welches die britische Regierung mit der Beendigung derartiger Privilegien verfolgte, hieß „Kriminalisierung" und bedeutete, dass republikanische und loyalistische Häftlinge nicht mehr als im Krieg befindliche Personen (Kriegsgefangene), sondern als Kriminelle angesehen wurden.[102]

Unmittelbar nachdem dieser Beschluss verkündet worden war, erklärten republikanische Gefangene, sich den neuen Regeln widersetzen zu wollen. Sie weigerten sich, die Gefängnisuniformen zu tragen und da ihnen zivile Kleidung verboten wurde, waren sie dazu gezwungen, sich in Decken zu hüllen. Auch die Gefängnisarbeit wurde von den republikanischen Insassen verweigert, weswegen sie nahezu den ganzen Tag über in ihren Zellen bleiben mussten. Die Konfrontation zwischen den Häftlingen und den Aufsehern eskalierte zunehmend, was zum „dirty protest" führte, in dem die Gefangenen sich nicht mehr wuschen und ihre Exkremente auf den Wänden ihrer Zellen verteilten.[103] Dieser Protest ging mit gegenseitigen Anschuldigungen einher: Die Wärter behaupteten, die Insassen hätten sich derartige Haftbedingungen selbst auferlegt, wohingegen die Gefangenen angaben, die Aufseher würden ihnen den Zugang zu sanitären Anlagen verweigern. Nachdem sie vier Jahre lang unter katastrophalen sanitären Bedingungen gelebt, damit jedoch nichts erreicht hatten, beschlossen die Gefangenen, in einen Hungerstreik zu treten.[104]

[100] Vgl. ebd., S. 18-19.
[101] Als Loyalisten werden radikale, zumeist protestantische Gegner der Idee eines vereinigten Irlands bezeichnet. Die „Loyalität" bezieht sich auf die bedingungslose Treue zur englischen Krone. Der Unterschied zu den Unionisten besteht darin, dass die Loyalisten bereit sind, Gewalt anzuwenden, um ihre Ziele zu erreichen. Die Ulster Defence Association (UDA), die Ulster Volunteer Force (UVF) und die Loyalist Volunteer Force (LVF) sind die wichtigsten paramilitärischen Gruppierungen auf der unionistischen Seite.
[102] Vgl. Breuer: Nordirland. Eine Konfliktanalyse, S. 73-74.
[103] Auch in den Reihen der Loyalisten gab es protestierende Häftlinge. Obwohl sie sich nicht am dirty protest beteiligten, waren sie dennoch gegen den Rückzug des Special Category-Status. Eine Koordinierung zwischen den Protestierenden fand nicht statt. Einige der loyalistischen Gefangenen traten Anfang Dezember 1980 in einen kurzen Hungerstreik.
[104] Vgl. Bishop, Patrick und Eamonn Mallie: The Provisional IRA, London: Heinemann, 1987, S. 286.

## 3. Sinn Féins historische Entwicklung

In republikanischen Kreisen haben Hungerstreiks im Laufe der Geschichte eine besondere Stellung eingenommen. Die Gefangenen griffen in regelmäßigen Abständen immer wieder auf diese Art des Protests zurück, um sich gegen die Gefängnisregeln zu wehren. Diejenigen, die während eines Hungerstreiks starben, wurden zu den Märtyrern der republikanischen Bewegung. Die Streiks begannen stets innerhalb der Gefängnisse und es waren nicht die militärischen oder politischen Befehlshaber, sondern die Insassen selbst, die über die jeweiligen Strategien entschieden. Die IRA stand diesem Protest eher ablehnend gegenüber, da sie es als Ablenkung vom „wahren" Kampf ansah. Die britischen und die irischen Behörden neigten dazu, die republikanische Führung der Manipulation ihrer gefangenen Mitglieder zu beschuldigen, was jedoch angesichts der Einstellung der IRA gegenüber den Hungerstreiks eine haltlose Anschuldigung war. Zwar muss davon ausgegangen werden, dass einige Häftlinge sich dem Protest anschlossen ohne sich dessen möglichen tödlichen Folgen bewusst zu sein. Dennoch gaben nur wenige der Streikenden auf.[105]

Der Hungerstreik 1980/1981 unterschied sich von früheren Protesten dadurch, dass alle daran beteiligten Gefangenen bereits mehrere Jahre des „dirty protest" hinter sich hatten. Auf dem Höhepunkt des Streiks waren über 400 Insassen des Long Kesh-Gefängnisses beteiligt. Sie lebten in verheerenden hygienischen Zuständen, welche der damalige Erzbischof der katholischen Kirche, Kardinal Tomás Ó Fiaich, als schlimmer beschrieb als die Zustände der Slums in Kalkutta.[106] Die meisten Streikenden stammten aus einem ähnlichen Umfeld. Sie hatten sich in verhältnismäßig jungen Jahren einer der republikanischen Organisationen angeschlossen – entweder der IRA oder der Irish National Liberation Army (INLA)[107] – und waren zu langen Haftstrafen verurteilt worden.

Zehn Männer starben während dieses Hungerstreiks und auch sie stiegen – wie bereits einige andere vor ihnen – zu Märtyrern der republikanischen Bewegung auf. Für Sinn Féin ebnete der Streik den Weg, um sich neuen Strategien zu öffnen. Bobby Sands, der als erster der zehn Häftlinge am 5. Mai 1981 nach 66 Tagen ohne Nahrung starb, repräsentierte das neue Image der Partei, mit dem der Republikanismus identifiziert werden sollte. Sands wurde als ganz

---

[105] Vgl. Maillot: New Sinn Féin. Irish Republicanism in the Twenty-First Century, S. 21.
[106] Vgl. Coogan, Tim Pat: On the Blanket: The H-Block Story, Dublin: Ward River Press, 1980, S. 158.
[107] Die INLA wurde 1975 von Hardlinern innerhalb der IRA gegründet, die sich nicht mit den von der IRA in den Jahren 1972 und 1975 verkündeten Feuerpausen einverstanden erklärten. Ihre Ziele und Mittel stimmen mit denen der IRA überein – die INLA gilt jedoch als die brutalere von beiden Organisationen. Dennoch verkündete sie im August 1998 einen Waffenstillstand.

## 3. Sinn Féins historische Entwicklung

gewöhnlicher Mann, als typisches IRA-Mitglied, als Produkt des Konflikts und – wie so viele andere – als Opfer des vorherrschenden Sektierertums dargestellt. Was ihn zu der herausragenden Figur machte, die er in den Jahren nach seinem Tod sowohl in Irland als auch im Ausland verkörperte, waren die Umstände seiner Haft und seines Todes, welche seine Zeitgenossen in ihren Bann zogen.[108]

Als er sich für Wahlen aufstellen ließ und im April 1981 für den Wahlkreis Fermanagh-South Tyrone ins britische Unterhaus gewählt wurde, sahen viele Republikaner dieses als Legitimation seines Kampfes an. Darüber hinaus bewies sein Erfolg, dass mit politischen Strategien viel zu erreichen war. An Sands Beerdigung nahmen Schätzungen zufolge 100.000 seiner Anhänger teil.[109]

Die Macht des Hungerstreiks lag in der Tatsache, dass die Republikaner durch Personen wie Bobby Sands ihre Bewegung zum ersten Mal seit langer Zeit wieder mit einem legendären, aber dennoch zeitgenössischen Namen assoziieren konnten. Owen Carron, Sands Nachfolger im britischen Parlament, beschrieb ihn als „a symbol for the unemployed, the poor, the oppressed and the homeless, for those who are divided by partition, for those who are trying to unify our country. He symbolises a new beginning."[110] Folglich markierte der Streik einen Wendepunkt des republikanischen Kampfes.

Bereits zu diesem Zeitpunkt wurde deutlich, dass Sinn Féin sich Veränderungen aussetzen würde. Obwohl die Partei immer behauptet hatte, die Opfer der Unterdrückung zu repräsentieren, hatte sie die Ursachen der Unterdrückung hauptsächlich der britischen Vorherrschaft zugeschrieben. Alle ihre Wähler betreffenden Missstände wurden der britischen Präsenz in Nordirland zur Last gelegt und diese Sichtweise setzte sich auch in ihrer Analyse des Fortbestehens einer starken loyalistischen Tradition in Teilen der nordirischen Bevölkerung durch. Sinn Féins Ansicht nach war der Unionismus somit ein Nebenprodukt der britischen Herrschaft. Der Rückzug der Briten würde folglich auch ihm ein Ende setzen. Erst in den neunziger Jahren erkannte die Partei an, dass der Unionismus nicht lediglich ein reaktionäres Phänomen, sondern eine nationale Identität war. Nach dem Hungerstreik wich die Konfliktanalyse allmählich einem komplexeren, pragmatischeren Kurs. Von 1981 an verfügte die Partei über ein neues, ausdifferenziertes Mandat, welches sich nicht allein auf die Forderung nach nationaler Unabhängigkeit beschränkte. Ihr Ziel war es, sich mit

---

[108] Vgl. Maillot: New Sinn Féin. Irish Republicanism in the Twenty-First Century, S. 22.
[109] Vgl. Murray und Tonge: Sinn Féin and the SDLP. From Alienation to Participation, S. 110-111.
[110] Zitiert nach Maillot: New Sinn Féin. Irish Republicanism in the Twenty-First Century, S. 23.

## 3. Sinn Féins historische Entwicklung

Klassenpolitik auseinander zu setzen, was bedeutete, dass mehr politische Arbeit getan werden musste als es bisher der Fall gewesen war.[111]

Schritt für Schritt begann Sinn Féin, sich von Teilen der ideologischen Starrheit zu befreien, welche sie bis dahin stets als unverzichtbar für ihren Zusammenhalt angesehen hatte. Themen, die innerhalb der Partei zu Kontroversen hätten führen können, waren bisher konsequent ausgeklammert worden, um das wichtigste Ziel – ein vereintes, unabhängiges Irland – nicht zu gefährden. Folglich war ihr Konzept der Freiheit sehr begrenzt, da es sich in erster Linie auf die territoriale Selbstbestimmung bezog. Im Zuge des Hungerstreiks und der Ausweitung der politischen Arbeit auf andere Bereiche des öffentlichen Lebens, wie z. B. Gemeindegruppen oder Gewerkschaften, erkannten Führungspersönlichkeiten wie Gerry Adams (zu dem Zeitpunkt Vizepräsident von Sinn Féin) oder Danny Morrison (damals Vorstandsmitglied der Partei), dass diese Vorstellung von Freiheit zu engstirnig gewesen war und nun erweitert werden musste, um für einen größeren Teil der Bevölkerung Bedeutung zu erlangen.[112]

In den frühen achtziger Jahren standen Themen auf der politischen Agenda, die Sinn Féin nicht länger ignorierte. Ein Beispiel hierfür ist die auf dem Parteitag im Jahre 1985 geführte Diskussion mit anschließender Abstimmung über das Recht auf Abtreibung. Die Delegierten stimmten für einen Antrag, der Schwangeren das Recht einräumte, die Entscheidung für oder gegen eine Abtreibung selbst zu treffen. Obwohl diese Entscheidung im darauf folgenden Jahr wieder aufgehoben wurde, da sie an der Parteibasis zu einer ernsten Kontroverse geführt hatte,[113] kündigte allein die Tatsache, dass eine derartige Debatte stattfinden konnte, wichtige Veränderungen innerhalb Sinn Féins an. Darüber hinaus offenbarte sich die Einsicht, dass Freiheit sich nicht allein auf ein Territorium bezog und dass die Briten nicht für alle Probleme verantwortlich gemacht werden konnten.

Was Sinn Féin aus dem „dirty protest" und dem Hungerstreik der Gefangenen lernte, war Folgendes: Die Anteilnahme und Unterstützung, die die Proteste – nicht nur in Irland, sondern auch im Ausland - begleiteten, zeigten, dass die Partei nicht in der Lage war, ihre Ziele allein durchzusetzen, sondern Unterstützung auch außerhalb ihrer Anhängerschaft benötigte.

---

[111] Vgl. ebd.
[112] Vgl. O'Brien, Brendan: The Long War. The IRA and Sinn Féin, 2. Aufl., New York: Syracuse University Press, 1999, S. 122.
[113] Vgl. Maillot: New Sinn Féin. Irish Republicanism in the Twenty-First Century, S. 113-114.

## 3. Sinn Féins historische Entwicklung

Folglich wandte sie sich an andere politische Parteien, an Abgeordnete sowohl des britischen als auch des irischen Parlamentes sowie an Vertreter der Kirchen.[114]

Seit 1981 nutzte Sinn Féin die Teilnahme an Wahlen als Instrument zur Erreichung ihrer Ziele, da Bobby Sands bewiesen hatte, dass die Republikaner dabei Erfolg haben konnten.[115] Diese neue Strategie rief jedoch nicht bei allen Parteimitgliedern Zustimmung hervor. Die Gegner, allen voran der damalige Sinn Féin-Präsident Ruairí Ó Brádaigh, befürchteten, sie könne vom bewaffneten Kampf ablenken. Zur ausschlaggebenden Auseinandersetzung zwischen den Gegnern und den Befürwortern der Politisierung – Letztere vertreten durch die Gruppe um Gerry Adams und Danny Morrison – kam es auf dem Parteitag am 31. Oktober 1981, vier Wochen nach der Beendigung des Hungerstreiks. Die Modernisierer versuchten zu verdeutlichen, dass der bewaffnete Kampf durch die Beteiligung am konstitutionellen Prozess nicht beeinträchtigt würde. Morrison pries die neue Strategie in seiner Rede mit einer (mittlerweile in irisch-republikanischen Kreisen legendären) Metapher an und erhielt dafür tosenden Applaus: „Who here really believes we can win the war through the ballot box? But will anyone here object if, with a ballot paper in one hand and the Armalite[116] in the other, we take power in Ireland?"[117]

Diese Vorgehensweise veranlasste Ó Brádaigh im November 1983 zum Rücktritt – Adams wurde zu seinem Nachfolger gewählt. Der Parteitag von 1981 beschloss, dass Sinn Féin in Zukunft zu allen Wahlen Kandidaten aufstellen sollte. Für die Parlamente in Dublin, London und Belfast galt jedoch weiterhin die traditionelle Politik des Mandatsverzichts: Gewonnene Mandate sollten nicht angetreten werden. Bei Kommunal- und Europawahlen wurde eine Ausnahme gemacht, da Gemeindeversammlungen und das Europaparlament im Gegensatz zum britischen und irischen Parlament kein Ergebnis der Spaltung Irlands seien.[118]

Die IRA passte sich der neuen Strategie schnell an. In den Wochen vor einer Wahl reduzierte sie die Anzahl ihrer bewaffneten Aktionen deutlich, um potentielle Wähler nicht

---

[114] Vgl. Adams, Gerry: Hope and History. Making Peace in Ireland, Dingle: Brandon, 2004, S. 39.

[115] Auch in der Republik Irland hatte die republikanische Bewegung Erfolge verbuchen können: Die Kandidatur von neun Häftlingen während des Hungerstreiks hatte die bisherige Regierungspartei Fianna Fáil so viele Stimmen gekostet, dass Premierminister Charles James Haughey die Mehrheit im irischen Parlament verlor und abtreten musste.

[116] Markenname für eine leichte automatische Schnellfeuerwaffe.

[117] Zitiert nach Taylor, Peter: Provos. The IRA & Sinn Féin, London: Bloomsbury, 1998, S. 282.

[118] Vgl. Neumann: IRA. Langer Weg zum Frieden, S. 137-138.

## 3. Sinn Féins historische Entwicklung

abzuschrecken.[119] Dieses Verhalten war für die Organisation ein erster Schritt auf dem Weg zu einer vollständigen Politisierung der republikanischen Bewegung. Aus heutiger Sicht lässt sich auch sagen, dass damit der lange Abschied vom bewaffneten Kampf begann, welcher zu den Waffenstillständen von 1994 und 1997 und schließlich im Juli 2005 zu der Verkündigung führte, die Waffen für immer niederzulegen.

Sofort nach der Entscheidung für die Strategie „Armalite and ballot box" begann Sinn Féin, ihre Infrastruktur auszubauen. In der gesamten Provinz wurden die bereits seit Mitte der siebziger Jahre geplanten Beratungszentren eingerichtet, in denen der katholischen Bevölkerung Hilfe im Umgang mit den nordirischen Behörden angeboten wurde. Die Partei erkannte, dass Themen, die das soziale Wohlergehen betrafen, im täglichen Leben ihrer Unterstützer von äußerster Wichtigkeit waren.[120] Das Personal in den Beratungszentren bestand häufig aus ehemaligen Häftlingen, die der Polizei durch ihren Gefängnisaufenthalt bekannt waren und aus diesem Grund nicht mehr aktiv für die IRA arbeiten konnten. Für Sympathisanten der republikanischen Bewegung bot der Ausbau der parteilichen Strukturen die Möglichkeit, ihren Teil zum Kampf auch ohne Waffen beitragen zu können. In diesem Zusammenhang machte sich der Zustrom junger Akademiker positiv bemerkbar, die „das einsilbige ‚,Briten-raus'-Programm"[121] intellektuell aufbereiteten. Der Enthusiasmus beim Aufbau Sinn Féins machte sich bereits im Oktober 1982 bezahlt: Bei den Wahlen zu einer Regionalversammlung erhielt die Partei fünf Sitze und hatte der SDLP damit ungefähr ein Drittel der katholischen Wählerschaft abgenommen.[122] Dieser Erfolg setzte sich im Juni 1983 bei den britischen Unterhauswahlen fort, bei denen Sinn Féin 13,4 % der Stimmen gewann (SDLP:17,9 %). Gerry Adams – zu dem Zeitpunkt noch Vizepräsident der Partei – gewann den Wahlkreis West-Belfast.[123]

Diese Entwicklungen fielen mit der Herausbildung einer neuen Führungsriege zusammen, die aus jungen Männern und Frauen bestand, welche hauptsächlich aus Nordirland stammten und – was vielleicht noch wichtiger war – während des „dirty protest" und des Hungerstreiks Vermittler zwischen den Insassen und der Außenwelt, einschließlich der britischen Behörden,

---

[119] Vgl. Bishop und Mallie: The Provisional IRA, S. 302.
[120] Vgl. Murray und Tonge: Sinn Féin and the SDLP. From Alienation to Participation, S. 112-113.
[121] Neumann: IRA. Langer Weg zum Frieden, S. 139.
[122] Sowohl Sinn Féin als auch die SDLP weigerten sich, ihre Sitze in der Regionalversammlung einzunehmen, da diese ihrer Ansicht nach keine Befugnisse hatte und vom damaligen Nordirlandminister James Prior lediglich eingerichtet wurde, um nationalistischen Forderungen nach mehr politischer Mitbestimmung in Nordirland scheinbar nachzukommen. Die Versammlung nahm ihre Arbeit nie auf.
[123] Vgl. MacDonncha, Mícheál (Hrsg.): Sinn Féin. A Century of Struggle, Dublin: Sinn Féin, 2005, S. 187.

## 3. Sinn Féins historische Entwicklung

gewesen waren. Die neuen Führungspersönlichkeiten standen in einer besonderen Verbindung zu ihrer Parteibasis, was bei der ehemaligen Führungsriege nicht der Fall gewesen war, denn sie kam aus dem Süden Irlands und stammte aus dem Mittelstand. Das bedeutet nicht, dass ihnen der republikanische Kampf nicht ernst gewesen war, doch sie wurden nicht so direkt mit dem Konflikt identifiziert wie die neuen Anführer aus dem Norden.[124]

Während Sinn Féin bei den britischen Unterhauswahlen und bei Wahlen im Norden Irlands erste politische Erfolge hatte verbuchen können, stellte die Situation in der Republik sich gänzlich anders dar. Die Partei schien nicht dazu in der Lage, einen signifikanten Durchbruch zu erzielen. Bei den Parlamentswahlen im Februar 1982 entschied Sinn Féin sich – zum ersten Mal seit 26 Jahren – den Grad ihrer Unterstützung im Süden der Insel auszuloten. Allein die Tatsache, dass sie lediglich in fünf Wahlkreisen Kandidaten aufstellte, war ein Indiz für die Schwäche der Partei. Ihr Stimmenanteil lag bei lediglich 1,2 %.[125]

Dieses Ergebnis war auch ein Hinweis darauf, dass die Strategie des Abstentionismus in der Republik keine Zustimmung fand, da die dortige Wählerschaft die Legitimität der Institutionen längst anerkannt hatte. Im Zuge des Wahldebakels wurde auf dem Parteitag 1985 ein Änderungsantrag eingebracht, in dem einzelne Parteimitglieder dazu aufriefen, den Mandatsverzicht für das irische Parlament aufzugeben. Der Antrag wurde mit überwältigender Mehrheit abgelehnt. Im Jahr darauf erhielt er jedoch die nötige Zweidrittelmehrheit, um die Satzung Sinn Féins in diesem Punkt zu ändern. Der ehemalige Sinn Féin-Präsident Ó Brádaigh verließ daraufhin die Partei und gründete gemeinsam mit einigen seiner Anhänger die Republican Sinn Féin.[126] Obwohl diese neue Partei stets eine kleine Splittergruppe von Traditionalisten blieb, hatte die republikanische Bewegung sich erneut gespalten.

Da Sinn Féin sich in Nordirland steigender Beliebtheit bei der katholischen Bevölkerung erfreute, fürchtete die britische Regierung, die Partei könne die SDLP als stärkste Kraft im katholischen Lager verdrängen. Auch die irische Regierung wollte Sinn Féins dauerhafte Präsenz in der irischen Parteienlandschaft vermeiden. Folglich schlossen der irische Premierminister Garret FitzGerald und die britische Premierministerin Margaret Thatcher im November 1985 das so genannte Anglo-Irische Abkommen, welches eine neue

---

[124] Vgl. Maillot: New Sinn Féin. Irish Republicanism in the Twenty-First Century, S. 26.
[125] Vgl. Walsh: Irish Republicanism and Socialism, S. 208.
[126] Vgl. MacDonncha: Sinn Féin. A Century of Struggle, S. 195.

3. Sinn Féins historische Entwicklung

Basis für die Beziehungen beider Staaten schuf, einen gemeinsamen Kurs der Regierungen festlegte und die SDLP stärkte.[127]

Während Dublin akzeptierte, dass die Mehrheit der nordirischen Bevölkerung keine Änderung des konstitutionellen Status quo wollte und damit also den Verbleib der Provinz im Vereinigten Königreich befürwortete, gestand London der irischen Regierung eine aktive Rolle in der Politik Nordirlands zu. Irische Regierungsvertreter sollten im Rahmen einer ständigen Konferenz zu allen die Provinz betreffenden Themen gehört werden – das Entscheidungsrecht lag jedoch bei der britischen Regierung. Darüber hinaus akzeptierte London offiziell die Rolle Dublins als Vertreter der Interessen der katholischen Minderheit im Norden Irlands. Mit dieser Maßnahme erhoffte sie sich eine Schwächung Sinn Féins. Beide Regierungen vereinbarten, auf diversen Gebieten – so z. B. Bekämpfung des Terrorismus, soziale und kulturelle Bereiche – zusammenzuarbeiten.[128]

In den Augen der nordirischen Unionisten war das Abkommen auf Grund der Funktion, die Dublin im Norden übernehmen sollte, ein erster Schritt auf dem Weg zu einem vereinten Irland und damit inakzeptabel. Um ihr Missfallen deutlich zu artikulieren, organisierten sie eine Kampagne unter dem Motto „Ulster[129] sagt nein". Die loyalistischen Paramilitärs intensivierten ihre Kampagne, nachdem sowohl die UDA als auch die UVF ihre Aktivitäten in den vorangegangenen Jahren nahezu vollständig eingestellt hatten. Sinn Féin lehnte das Abkommen ebenfalls ab, da es ihrer Ansicht nach die Teilung Irlands unumkehrbar machte. Mehr noch als die Festschreibung des Status quo fürchtete die republikanische Führung die beabsichtigte Zusammenarbeit beider Regierungen in der Sicherheitspolitik. Dies bedeutete, dass die Republik Irland für im Norden gesuchte IRA-Mitglieder kein Rückzugsgebiet mehr war.[130] Darüber hinaus erschütterte die Initiative das scheinbar klare Weltbild der Republikaner: Die Bildung einer anglo-irischen Achse sowie die Beteiligung Dublins an der Herrschaft über Nordirland stand im Gegensatz zu der Auffassung, der irisch-republikanische Kampf werde gegen die britisch-koloniale Herrschaft geführt.

Die nordirischen Katholiken begrüßten das Abkommen trotz der ablehnenden Haltung der Republikaner mit großer Mehrheit, was sich unmittelbar in steigender Zustimmung für die

---

[127] Vgl. Murray und Tonge: Sinn Féin and the SDLP. From Alienation to Participation, S. 136.
[128] Vgl. ebd.
[129] Die vier Provinzen Irlands sind Connaught, Leinster, Munster und Ulster. Obwohl Ulster oft als Synonym für Nordirland verwendet wird, ist es in territorialer Hinsicht nicht korrekt, da die Provinz auch drei Grafschaften der Republik umfasst.
[130] Vgl. Neumann: IRA. Langer Weg zum Frieden, S. 155-156.

## 3. Sinn Féins historische Entwicklung

SDLP ausdrückte – die Strategie FitzGeralds und Thatchers war somit erfolgreich gewesen. Im Januar 1986 setzte die SDLP sich bei einer Nachwahl für das britische Parlament in der republikanischen Hochburg South-Armagh gegen den Kandidaten Sinn Féins durch. Bei den Unterhauswahlen im Juni 1987 konnte Gerry Adams sein Mandat in West-Belfast zwar verteidigen, der Stimmenanteil seiner Partei sank jedoch im Vergleich zur Wahl von 1983 um zwei Prozentpunkte auf 11,4 %.[131]

Die britische Regierung beließ es nicht beim Anglo-Irischen Abkommen, um Sinn Féin zu schwächen. Im Oktober 1988 verhängte sie ein Sendeverbot für Interviews mit Parteimitgliedern und mit Personen, die Sinn Féin unterstützten oder um Unterstützung für sie warben. 1982 hatte sie bereits Einreiseverbote in England für Politiker wie Gerry Adams und andere führende Sinn Féin-Mitglieder erwirkt.[132]

Neben diesen von außen auferlegten Schwierigkeiten hatte Sinn Féin in den achtziger Jahren auch mit Problemen innerhalb der republikanischen Bewegung zu kämpfen. Eine große Anzahl der von der IRA in dieser Zeit durchgeführten Aktionen traf nicht ihr eigentliches Ziel – hauptsächlich waren dieses Mitglieder der RUC und Angehörige des britischen Militärs – sondern kostete vielen Zivilisten das Leben. Das führte dazu, dass ein Großteil der republikanischen Anhänger sich von der Bewegung abwandte und Frieden für Nordirland forderte.[133] Doch eine Aussicht auf Frieden schien gegen Ende der achtziger Jahre nicht zu bestehen: Die IRA führte ihren bewaffneten Kampf trotz massiver Kritik aus den eigenen republikanischen Reihen fort und auch die loyalistischen Paramilitärs verübten blutige Anschläge, wobei sie 1992 zum ersten Mal seit Beginn der Troubles für mehr Todesopfer verantwortlich waren als die IRA.[134]

### 3.3. Der lange Weg zum Frieden

Wenn der Frieden für die Bürger Nordirlands am Ende der achtziger Jahre auch in weiter Ferne zu liegen schien, so gab es doch erste zaghafte Anzeichen für den späteren Friedensprozess. Gerry Adams und der SDLP-Vorsitzende John Hume nahmen ab 1988 unter strenger Geheimhaltung Gespräche auf. Hume bestand auf einer Politik der Konsenssuche mit den Regierungen in London und Dublin sowie mit der protestantischen Bevölkerung

---

[131] Vgl. Feeney: Sinn Féin. A Hundred Turbulent Years, S. 336.
[132] Vgl. Maillot: New Sinn Féin. Irish Republicanism in the Twenty-First Century, S. 29-30.
[133] Vgl. ebd., S. 30.
[134] Vgl. McKenna, Lynn und Melaugh: Background Information on Northern Ireland Society, S. 17.

## 3. Sinn Féins historische Entwicklung

Nordirlands, wohingegen Sinn Féin auf der irischen Selbstbestimmung beharrte. Obwohl John Hume scharf dafür kritisiert wurde, dass er an Gesprächen mit einem Präsidenten teilnahm, dessen Partei – in den Augen sowohl von Politikern als auch der Medien – in enger Verbindung zur IRA stand, dauerten die Gespräche über mehrere Monate an und wurden 1993 erneut aufgenommen. Im September desselben Jahres veröffentlichten Hume und Adams ein gemeinsames Dokument, welches die Grundsätze enthielt, auf die sie sich während ihrer Gespräche geeinigt hatten. Diese Mitteilung veranlasste den britischen Premierminister John Major und den irischen Premierminister Albert Reynolds im Dezember 1993 zur Verabschiedung der so genannten Downing-Street-Declaration. Darin erkannten die Briten dass Recht auf irische Selbstbestimmung an und bestanden auf dem Konsensprinzip, d. h. also der Einwilligung der (unionistischen) Bevölkerungsmehrheit in Nordirland als Voraussetzung für ein vereintes Irland. Die Iren wiederum stimmten einer Änderung derjenigen Artikel in ihrer Verfassung zu, welche die Zuständigkeit für den Norden der Insel bei der Republik Irland sahen. Darüber hinaus kündigten die beiden Regierungen die Einrichtung eines „Forums für Frieden und Versöhnung" an.[135]

Obwohl die Downing-Street-Declaration dem republikanischen Ziel eines unabhängigen, vereinten Irlands nicht zuträglich war, lehnte Sinn Féin sie nicht ab. Der Grund hierfür lag in dem wachsenden Einfluss, den die Partei inzwischen auf die irische Regierung unter Reynolds gewonnen hatte. Die Regierung erkannte, dass Sinn Féin sich für eine politische Friedensstrategie einsetzen wollte, und war deshalb bereit, sich für ein Ende der politischen Isolation der Republikaner einzusetzen. Folglich hätte die Ablehnung der Downing-Street-Declaration den Anschein erweckt, dass Sinn Féin an Verhandlungen nicht interessiert sei. Auf der anderen Seite bestand jedoch auch kein Anlass, sich den Prinzipien der Erklärung zu verpflichten, da die britische Regierung im Mai 1994 erklärte, dass eine volle Anerkennung keine Vorbedingung sei, um an Verhandlungen beteiligt zu werden. Die Bedingung für weitere politische Entwicklungen war ein Ende der Waffengewalt der IRA. Diese kam der Forderung nach und erklärte am 31. August 1994 einen Waffenstillstand.[136]

Die folgenden Jahre waren für alle Beteiligten schwierig. Das mangelnde Vertrauen zwischen Republikanern und den Briten auf der einen und Republikanern und Unionisten auf der anderen Seite hatte zur Folge, dass Sinn Féin trotz der Waffenruhe der IRA monatelang nicht an den Verhandlungen teilnehmen durfte. Dieser Zustand führte in republikanischen Reihen

---

[135] Vgl. Maillot: New Sinn Féin. Irish Republicanism in the Twenty-First Century, S. 31.
[136] Vgl. Murray und Tonge: Sinn Féin and the SDLP. From Alienation to Participation, S. 186-187.

### 3. Sinn Féins historische Entwicklung

zur Resignation, da viele Anhänger der republikanischen Bewegung fürchteten, ihre Führung sei von den anderen Verhandlungsteilnehmern betrogen worden. Von britischer und irischer Seite wurden verschiedene Versuche unternommen, um einen Ausweg zu finden. Nach einem Ein-Tages-Gipfel in London veröffentlichten der britische und der irische Premierminister im Februar 1995 einen gemeinsamen Vorschlag, welcher für die folgenden Verhandlungen drei Dimensionen befürwortete: eine nordirische, eine gesamt-irische und eine britisch-irische.[137] Diesem Vorschlag folgte eine Auseinandersetzung über das Problem der Abrüstung der IRA-Waffen, weil der Nordirlandminister, Patrick Mayhew, im März 1995 erklärte, dass eine Entwaffnung für jede Partei Vorbedingung sei, um an Verhandlungen teilnehmen zu dürfen. Da die Auseinandersetzung nicht beigelegt werden konnte, wurde der amerikanische Senator George Mitchell gebeten, Bedingungen für die Verhandlungsteilnahme auszuarbeiten. Er veröffentlichte seine Empfehlungen, die als die „Mitchell Principles" bekannt wurden, im Januar 1996. Die politischen Parteien mussten sich verpflichten, sechs Prinzipien einzuhalten: 1. Lösen politischer Streitfragen mit demokratischen und friedlichen Mitteln; 2. Entwaffnung der paramilitärischen Organisationen; 3. Überprüfung dieser Entwaffnung durch eine unabhängige Kommission; 4. Verzicht auf Gewalt und Widerstand gegen Gewaltanwendungen anderer; 5. Einhaltung eines mittels Mehr-Parteien-Gesprächen erzielten Abkommens; 6. Unterbindung der von den Paramilitärs ausgeübten so genannten punishment killings /beatings.[138]
Die IRA wertete die Auseinandersetzungen um die Teilnahme Sinn Féins an Verhandlungen als mangelnden Fortschritt und warf der britischen Regierung wiederholte Ausweichmanöver vor. Im Februar 1996 beendete sie ihren Waffenstillstand und verübte in London einen Bombenanschlag, bei dem zwei Personen getötet wurden. Sinn Féin wurde daraufhin aus den Gesprächen, die im Sommer 1996 begannen, ausgeschlossen.[139]
Die britischen Unterhauswahlen im Mai 1997 ebneten den Weg für Veränderungen. Der Erdrutschsieg von Tony Blairs Labour Party und das neue von Mo Mowlam geführte Team im Nordirlandministerium kündigten einen neuen Anfang an. Sinn Féin hatte in den Wahlen gut abgeschnitten, indem sie sich mit 16 % der Stimmen zwei Sitze gesichert hatte und somit die drittgrößte Partei in Nordirland vor der DUP geworden war. Dieser Erfolg spiegelte sich auch in der Republik Irland wider, wo bei den im selben Monat stattfindenden Wahlen zum

---

[137] Vgl. Maillot: New Sinn Féin. Irish Republicanism in the Twenty-First Century, S. 31.
[138] Vgl. O'Brien: The Long War, S. 353-354.
[139] Vgl. Feeney: Sinn Féin. A Hundred Turbulent Years, S. 415-416.

3. Sinn Féins historische Entwicklung

irischen Parlament zum ersten Mal seit über 40 Jahren ein Kandidat von Sinn Féin einen Sitz erhielt. Als London und Dublin im Juni 1997 erklärten, dass die Abrüstung der IRA-Waffen nicht länger eine Vorbedingung für die Teilnahme an Gesprächen sei, verkündete die republikanische Untergrundorganisation im darauf folgenden Monat erneut ein Waffenruhe. Im September desselben Jahres unterzeichnete Sinn Féin die Mitchell Principles und beteiligte sich an den Mehr-Parteien-Gesprächen, die im April 1998 zum Karfreitagsabkommen führten.[140]

Die Grundlagen dieses Friedensabkommens bilden die Zusagen der britischen und irischen Regierung, Nordirlands Status so zu ändern, dass überkommene Rechtsansprüche aufgehoben werden. Beide Staaten erkennen den Status quo an, wobei die Möglichkeit einer späteren Revision nach dem Willen der nordirischen Bevölkerung bestehen bleibt („principle of consent"). Hierauf bauen zwei Säulen auf: die Konstituierung einer parlamentarischen Versammlung und die Bildung einer Exekutive. Deren Mitglieder werden nach dem d'Hondt'schen Verfahren aus den größten Parteien des nationalistischen und des unionistischen Lagers gewählt – die Mehrheitsparteien jedes Lagers stellen den ersten Minister bzw. seinen Stellvertreter. Beide Institutionen – die parlamentarische Versammlung und die Exekutive – übernehmen die Selbstverwaltung der Provinz. London behält sich jedoch die Steuerhoheit sowie die Gestaltung der Rechts-, Sicherheits- und Außenpolitik vor. Ein weiteres Element gilt der institutionalisierten Kooperation zwischen dem Norden und dem Süden Irlands unter anderem in der Wirtschafts-, Umwelt-, Landwirtschafts- und Gesundheitspolitik. Über den genannten zwei Säulen operiert ein Rat der britischen Inseln, welcher auf einer Ost-West-Achse Nordirland und die Republik Irland mit Schottland, Wales und England verbindet. Darüber hinaus wurde die Reform des Sicherheitssektors beschlossen, wozu die Polizeireform, die Entlassung politischer Strafgegangener, die Entwaffnung der paramilitärischen Organisationen, die Einführung einer Menschenrechtscharta sowie die Novellierung der Strafgesetzgebung gehören..[141]

Sinn Féin hatte darauf bestanden, dass das Abkommen Teil eines Übergangsprozesses hin zu irischer Einheit und Unabhängigkeit sein sollte und dass aus diesem Grund einflussreiche und für ganz Irland zuständige Gremien erforderlich seien. Ob die durch das Karfreitagsabkommen geschaffenen Gremien tatsächlich als einflussreich bezeichnet werden

---

[140] Vgl. Taylor: Provos. The IRA & Sinn Féin, S. 354.
[141] Vgl. Moltmann, Bernhard: „Es kann der Frömmste nicht im Frieden bleiben...". Nordirland und sein kalter Frieden, Frankfurt am Main: Hessische Stiftung Friedens- und Konfliktforschung, 2002, S. 12-13.

3. Sinn Féins historische Entwicklung

können, ist ein strittiger Punkt: Es hängt davon ab, ob der Umfang der Kompetenzen der Gremien erweitert werden kann. Ebenso hatte die Partei darauf bestanden, dass die Nord-Süd-Gremien immun gegen das Veto von nordirischen Institutionen sein müssten, es keine Begrenzung in Bezug auf Beschaffenheit und Umfang ihrer Funktionen geben dürfe und die Möglichkeit bestehen müsse, die Anzahl der Gremien zu vergrößern. In dieser Hinsicht wurden Sinn Féins Forderungen nicht erfüllt, da die Vergrößerung der Anzahl der Nord-Süd-Gremien sowohl von der Zustimmung der parlamentarischen Versammlung Nordirlands als auch des Parlaments der Republik Irland abhängig ist.[142]

Die Auffassung, dass die Teilung Irlands und die britische Herrschaft in Nordirland unrechtmäßig und die nordirische Provinz eine gescheiterte politische Einheit seien, hatte die republikanische Bewegung im Norden und auch im Süden Irlands lange dominiert. Im Rahmen des Karfreitagsabkommens stellte Sinn Féin diese Auffassung hintan, hielt aber dennoch an ihrem Ziel fest, die britische Herrschaft zu beenden. Die Betonung lag stattdessen auf einer Beendigung des formalen britischen Anspruchs auf die Oberhoheit in Nordirland, was bedeutete, dass die Partei folgende Vereinbarung unterstützte: Die britische Oberhoheit wurde wieder hergestellt, indem sie ausdrücklich von dem Willen der nordirischen Bevölkerung abhängig war. Die Unterstützung dieser Vereinbarung kam einer Anerkennung des Status quo Nordirlands gleich – trotz Sinn Féins Widerwilligkeit, das „principle of consent" formal zu akzeptieren.[143]

Um die Unterstützung der Parteibasis für das Karfreitagsabkommen zu erhalten, beschrieb die Parteiführung das Abkommen als einen Übergangszustand, der die Union Nordirlands mit Großbritannien schwäche, Fortschritte im Hinblick auf Gleichberechtigung, Rechte und Gerechtigkeit bringe, eine Basis für nationale und demokratische Ziele sei und es den Republikanern ermögliche, ihren Kampf in einer neuen und produktiveren Phase fortzusetzen.[144] Was für die Parteibasis letztlich den Ausschlag gab, dem Friedensabkommen zuzustimmen, war die Tatsache, dass darin die Entlassung politischer Strafgefangener für Mai 2000 vorgesehen wurde.[145] Darüber hinaus stimmten die Delegierten mit überwältigender Mehrheit (97 %) dafür, die Satzung Sinn Féins dahingehend zu ändern, dass Parteimitgliedern erlaubt wurde, ihre Sitze im nordirischen Parlament einzunehmen.[146] Die größte

---

[142] Vgl. Murray und Tonge: Sinn Féin and the SDLP. From Alienation to Participation, S. 213.
[143] Vgl. ebd., S. 215.
[144] Vgl. Rafter: Sinn Féin. 1905-2005. In the Shadow of Gunmen, S.186.
[145] Vgl. Maillot: New Sinn Féin. Irish Republicanism in the Twenty-First Century, S. 33.
[146] Vgl. Tonge: The New Northern Irish Politics ?, S. 116.

## 3. Sinn Féins historische Entwicklung

Schwierigkeit lag darin, dass Friedensabkommen als einen Übergang zu bezeichnen, da diese Behauptung nicht explizit im Abkommen zu finden ist. Auch die Feststellung, die Union Nordirlands mit Großbritannien werde geschwächt, ist mehr eine republikanische Hoffnung als eine konkrete Aussage der Übereinkunft. Somit ist festzustellen, dass Sinn Féin das republikanische Ziel eines vereinten, unabhängigen Irlands mit der Unterzeichnung des Karfreitagsabkommens nicht erreicht hat.

Obwohl Sinn Féins Basis dem Abkommen zugestimmt hatte, regte sich dennoch in Teilen der republikanischen Bewegung Unmut über die Übereinkunft. Einige Republikaner sahen sie als Verrat an den Idealen ihrer Vorfahren an und setzten sich weiterhin für eine militärische Strategie ein. Diejenigen, die der von der Sinn Féin-Führung eingeschlagenen Richtung ablehnend gegenüberstanden, gründeten ihre eigenen Organisationen – so z. B. die Real IRA, die im August 1998 in Omagh einen Bombenanschlag verübte, bei dem 29 Personen ums Leben kamen.[147]

Nach monatelangen Auseinandersetzungen um die Entwaffnung der IRA wurde am 29. November 1999 die nordirische Regierung ernannt. Sinn Féin stellte zwei Minister: Martin McGuinness erhielt das Bildungsressort und Bairbre de Brún übernahm das Amt der Gesundheitsministerin. Ebenfalls am 29. November entsandte die IRA eines ihrer Mitglieder in eine unabhängige, international besetzte Entwaffnungskommission unter Vorsitz des ehemaligen kanadischen Generals John de Chastelain. Der IRA-Repräsentant sollte gemeinsam mit der Kommission die Modalitäten der Abrüstung aushandeln.[148]

Als die Entwaffnungskommission im Februar 2000 berichtete, dass sie keinen Hinweis darauf erhalten habe, wann die Abrüstung beginnen solle, suspendierte Nordirlandminister Peter Mandelson die nordirische Regionalregierung, womit Nordirland wieder unter britische Direktverwaltung gestellt wurde. Dieser Zustand war jedoch nur von kurzer Dauer, da die IRA sich bereit erklärte, ihre Waffenlager für Inspektionen zugänglich zu machen. Im August 2001 bot die republikanische Untergrundorganisation der Entwaffnungskommission an, ihre Waffen nachweisbar unbrauchbar zu machen, was der unionistischen Seite nicht ausreichte. So stellte beispielsweise die UUP fest, dass ein Unterschied zwischen einem Angebot und der tatsächlichen Abrüstung bestehe. Aufgrund dieser Auseinandersetzungen wurde die Regionalregierung erneut für 24 Stunden suspendiert. Im Oktober 2001 machte die IRA zum

---

[147] Vgl. Fitzduff, Mari: Beyond Violence. Conflict Resolution Process in Northern Ireland, Tokio; New York; Paris: United Nations University Press, 2002, S. 97.
[148] Vgl. Moltmann: Nordirland und sein kalter Frieden, S. 26.

3. Sinn Féins historische Entwicklung

ersten Mal in ihrer Geschichte einen Teil ihrer Waffenarsenale in Anwesenheit von Mitgliedern der Entwaffnungskommission unbrauchbar. Einen weiteren Beweis ihres guten Willens lieferten die Paramilitärs im April des Folgejahres, als sie erneut eine noch größere Menge ihrer Waffenbestände vor den Augen der Kommission aus dem Verkehr zog.[149]

Letzteres geschah im Hinblick auf die in der Republik Irland anstehenden Parlamentswahlen, bei denen Sinn Féin zeigen wollte, dass sie eine glaubwürdige Vertreterin des Friedenswillens ist und sich unwiderruflich von ihrer militärischen Vergangenheit verabschiedet hat. Wenn es ihr gelänge, in der südirischen Politik die gleiche Bedeutung zu erlangen wie in der nordirischen, könnte sie auf nicht-militärischem Wege ihr Ziel eines vereinten Irlands erreichen. In der Tat war das Wahlergebnis ein kleiner Erfolg für die Partei, da sie ihren Stimmenanteil von 2,5 % auf 6,5 % und die Anzahl ihrer Mandate von einem auf fünf erhöhen konnte.[150]

Dieser Erfolg wurde jedoch von mehreren Ereignissen getrübt, welche sowohl für die republikanische Bewegung als auch für den Friedensprozess Rückschläge bedeuteten. Im März 2002 brachen drei maskierte Männer in eine Polizeistation im Osten Belfasts ein und stahlen geheime Dokumente, woraufhin mehrere Republikaner verhaftet wurden. Obwohl Sinn Féin vehement bestritt, dass die Verhafteten an dem Einbruch beteiligt gewesen seien, wurde dieser Vorfall von den politischen Gegnern der Partei benutzt, um Sinn Féins demokratische Absichten in Frage zu stellen. Im Oktober 2002 wurden Sinn Féins Büros in Stormont[151] aufgrund des Verdachts auf terroristische Aktivitäten von der Polizei durchsucht. Daraufhin drohte der protestantische Regierungschef, David Trimble, mit Rücktritt. Dem kam Nordirlandminister John Reid jedoch zuvor, indem er die Selbstverwaltung Nordirlands für unbestimmte Zeit aussetzte.[152]

Trotz all dieser Schwierigkeiten sah Sinn Féin das Karfreitagsabkommen nach wie vor als einen Schritt in die richtige Richtung an. Es war ein Schritt, der zwar vorsichtig gemacht wurde, aber dennoch Risiken und große Veränderungen für die Partei mit sich brachte. Um ihre Rolle in der durch die Unterzeichnung des Friedensabkommens neu geschaffenen Situation spielen zu können, musste sie statt einer gesamt-irischen Lösung eine nordirische akzeptieren, obwohl sie ihr Ziel einer Wiedervereinigung Irlands aufrechterhielt. Darüber

---

[149] Vgl. Maillot: New Sinn Féin. Irish Republicanism in the Twenty-First Century, S. 35.
[150] Vgl. Alioth, Martin: Vernichtender Sieg. Die Iren stärken ihre Regierung und radikale Parteien – das Konsensmodell am Ende?, in: Der Tagesspiegel, Nr. 17768 v. 21.05.2002, S. 6.
[151] Stormont ist eine Burg in der Nähe von Belfast und Sitz des nordirischen Parlamentes.
[152] Vgl. Maillot: New Sinn Féin. Irish Republicanism in the Twenty-First Century, S. 35.

3. Sinn Féins historische Entwicklung

hinaus musste sie die Parteibasis überzeugen, dass die IRA in Zukunft überflüssig sein könnte. Dieses waren große Herausforderungen für Sinn Féin, die die Partei mit der Zuversicht annahm, dass sie den republikanischen Wählern Ergebnisse liefern würde und dass sie das republikanische Ideal eines vereinten Irlands nicht unterminierte.

# 4. Der Friedensprozess

## 4.1. Entwaffnung der paramilitärischen Organisationen

Im Rahmen des nordirischen Friedensprozesses ist Sinn Féin diejenige Partei, welche stets im Mittelpunkt der Auseinandersetzungen stand und auch gegenwärtig noch steht.[153] Kernpunkt dieser Kontroversen sind unterschiedliche Interpretationen des dritten Absatzes der Entwaffnungsklausel des Karfreitagsabkommens:

*All participants accordingly reaffirm their commitment to the total disarmament of all paramilitary organisations. They also confirm their intention to continue to work constructively and in good faith with the Independent Commission, and to use any influence they may have, to achieve the decommissioning of all paramilitary arms within two years following endorsement in referendums North and South of the agreement and in the context of the implementation of the overall settlement.*[154]

Nach Ansicht von UUP, SDLP, britischer und auch irischer Regierung lag die Verantwortung bei Sinn Féin, Druck auf die IRA auszuüben, damit diese ihre Waffen abrüstete. Mangelnde Fortschritte im Hinblick auf diese Streitfrage haben zu den bisherigen Krisen des Friedensprozesses geführt: die Verzögerungen bei der Bildung der nordirischen Regierung, die Aussetzung der nordirischen Selbstverwaltung im Februar 2000, im August 2001 und im Oktober 2002 sowie der vergebliche Versuch, die Selbstverwaltung im November 2003 wiederherzustellen. Auf die Behauptung, Sinn Féin sei schuld an diesen Krisen, geben Parteimitglieder stets dieselbe Antwort: Sinn Féin sei eine politische Partei, die keine Waffen besitze und aus diesem Grund auch keine Waffen aus dem Verkehr ziehen könne. Zudem machen sie geltend, dass Sinn Féin ihren Einfluss erfolgreich genutzt habe, um sicherzustellen, dass die IRA ihre Waffen unbrauchbar macht.[155]

---

[153] Im Februar 2006 sorgte ein Bericht der Kommission zur Überwachung der nordirischen Untergrundverbände für Unmut unter unionistischen Politikern. Laut diesem Bericht hat die IRA zwar keine Gewalttaten mehr verübt, dennoch gebe es unbestätigte Informationen, denen zufolge die republikanische Organisation nicht alle Waffen aus dem Verkehr gezogen habe. Obwohl IRA, Sinn Féin, die internationale Entwaffnungskommission und die nordirische Polizei diesen Bericht dementierten, nutzte die DUP die Gelegenheit, um ihre Weigerung zu rechtfertigen, Gespräche mit Sinn Féin aufzunehmen.

[154] Good Friday Agreement, Abschnitt „Decommissioning", abgedruckt in: Valandro, Franz: The Peace Process in Northern Ireland [=Minderheiten und Minderheitenpolitik in Europa, Bd. 5], Frankfurt am Main: Europäischer Verlag der Wissenschaften, 2004, S. 143.

[155] Vgl. Maillot: New Sinn Féin. Irish Republicanism in the Twenty-First Century, S. 37.

48

## 4. Der Friedensprozess

Trotz aller Kontroversen gab es seit der Unterzeichnung des Karfreitagsabkommens auch Zugeständnisse im Hinblick auf die Entwaffnungsfrage. Sowohl Sinn Féin als auch die UUP haben ihre Positionen bezüglich der IRA-Waffen beträchtlich geändert. Die UUP, die sich zunächst geweigert hatte, mit Sinn Féin eine Regierung zu bilden, wenn die IRA nicht abrüstet, ließ sich von ihrem Parteichef David Trimble in eine Koalition mit zwei Sinn Féin-Ministern führen – ohne vorherige Entwaffnung. Die republikanische Seite hat die Abrüstung, welche zunächst ausgeschlossen worden war, als eine wichtige Verantwortung erkannt, welche Voraussetzung für Sinn Féins Absicht ist, Differenzen ausschließlich mit demokratischen und friedlichen Mitteln beizulegen.[156]

Für die Mehrheit der Republikaner war die Streitfrage der Entwaffnung ein sensibles Thema. Noch nie in ihrer Geschichte hatte die IRA ihre Waffen abgegeben. Aus diesem Grund war die Vorstellung, dass sie ihre Waffen unbrauchbar macht, für viele Republikaner – nicht nur für die extremen unter ihnen – mit dem Eingeständnis gleichzusetzen, dass der Krieg nicht nur vorüber, sondern dass er verloren ist. Deshalb nahm es einige Zeit in Anspruch bis die republikanische Führung ihre Anhänger davon überzeugt hatte, dass Entwaffnung nicht gleichbedeutend mit Kapitulation ist.[157]

Kurz nach der Unterzeichnung des Karfreitagsabkommens erklärte ein Sprecher der IRA, dass die Organisation ihre Waffen nicht abrüsten werde. Dennoch nahmen Mitglieder der Sinn Féin-Führung im September 1998 Kontakt zur Entwaffnungskommission auf, wobei sie betonten, dass sie lediglich die Ansichten der Partei vertraten und nicht als Vermittler für die IRA fungierten. Sinn Féins Präsident Gerry Adams erklärte wiederholt, dass er sich an die Vereinbarungen des Friedensabkommens halten und seinen Einfluss auf die IRA nutzen werde, um die Streitfrage der Entwaffnung zu lösen. Gleichzeitig beteuerte er, dass dieses eine Angelegenheit der IRA sei, da Sinn Féin keine Waffen besitze. Darüber hinaus wurde der im Juli 1997 ausgerufene Waffenstillstand als aufrichtig beschrieben, weshalb er eine ausreichende Garantie dafür sei, dass die republikanische Untergrundorganisation nicht länger eine Gefahr für den Frieden in Nordirland darstelle. Nach Ansicht der unionistischen Politiker waren diese Argumente nicht überzeugend. Da sie die IRA und Sinn Féin als ein und dieselbe Organisation ansahen, war ihrer Meinung nach Sinn Féin für die Entwaffnung zuständig.[158]

[156] Vgl. Rafter: Sinn Féin. 1905-2005. In the Shadow of Gunmen, S. 27.
[157] Vgl. Maillot: New Sinn Féin. Irish Republicanism in the Twenty-First Century, S. 40.
[158] Vgl. ebd.

## 4. Der Friedensprozess

Sinn Féin bestand jedoch darauf, dass das Problem der Abrüstung nicht das einzige Thema sein dürfe, welches im Mittelpunkt der Verhandlungen steht. Die Grundlage der republikanischen Entwaffnungsversion bildet die Demilitarisierung, d. h. also der vollständige Rückzug des britischen Militärs aus Nordirland. Darüber hinaus fordert Sinn Féin, dass auch die loyalistischen Paramilitärs abrüsten müssen. In der Tat galt und gilt die gesamte Aufmerksamkeit der IRA, wohingegen loyalistische Untergrundorganisationen bei der Streitfrage der Entwaffnung kaum beachtet werden. Die anderen nordirischen Parteien sind hingegen der Ansicht, dass Sinn Féin die einzige Partei mit Verbindungen zu einer paramilitärischen Organisation sei und aus diesem Grund auch für deren Abrüstung sorgen müsse, wenn sie Mitglied in der nordirischen Exekutive sein wolle.[159]

Nachdem die nordirische Selbstverwaltung im Oktober 2002 ausgesetzt worden war, wurden diverse Versuche unternommen, den politischen Stillstand zu beenden. Während Sinn Féin darauf bestand, dass die Wahlen zur parlamentarischen Versammlung wie vorgesehen im Mai 2003 stattfinden sollten, skizzierten die irische und die britische Regierung die Bedingungen für die Wiedereinsetzung der nordirischen Institutionen im April 2003 in einer gemeinsamen Erklärung. Eine dieser Bedingungen betraf das Fortbestehen paramilitärischer Aktivitäten. Dieses war in erster Linie eine Anspielung auf die so genannten punishment beatings – Angriffe von Paramilitärs auf Zivilisten, wenn Letztere sich „unsozial" verhalten hatten.[160]

Die Erklärung der Regierungen enthielt zudem die folgende Stellungnahme: „It must be clear that the transition from violence to exclusively peaceful and democratic means is being brought to an unambiguous and definitive conclusion".[161] Daraufhin gab die IRA bekannt, dass sie beschlossen habe, den Konflikt zu beenden. Die IRA-Führung sei entschlossen, sicherzustellen, dass alle Aktivitäten und Strategien der Organisation mit diesem Beschluss übereinstimmten. Doch Tony Blair forderte eine deutlichere Klarstellung von der IRA und Antworten auf drei Fragen: War die IRA bereit, alle paramilitärischen Aktivitäten einzustellen, ihr gesamtes Waffenarsenal unbrauchbar zu machen und den Krieg zu beenden?

---

[159] Vgl. Kempin, Tina: Ready for Peace? The Implementation of the Good Friday Agreement in Northern Ireland 1998 – 2002 [=Zürcher Beiträge zur Sicherheitspolitik und Konfliktforschung, Bd. 68], Zürich: Forschungsstelle für Sicherheitspolitik der ETH Zürich, 2003, S. 120-122.

[160] Laut nordirischer Polizei stieg die Anzahl der Opfer von punishment beatings nach der Unterzeichnung des Karfreitagsabkommens deutlich an: Während 1999 207 Personen verletzt wurden, waren es 2003 305. Anderen Schätzungen zufolge ist die Dunkelziffer um ca. 30 % höher, da viele Opfer aus Angst vor Vergeltungsmaßnahmen nicht zur Polizei gehen.

[161] Joint Declaration by the British and Irish Governments, April 2003, S. 4, in: CAIN Web Service (Conflict Archive on the Internet), Conflict and Politics in Northern Ireland: http://cain.ulst.ac.uk/events/peace/docs/bijoint010503.pdf, download 08.03.2006.

## 4. Der Friedensprozess

Einem Vorschlag der irischen Regierung folgend, gab Gerry Adams die Antwort auf die Fragen des britischen Premierministers: „The IRA statement is a statement of completely peaceful intent. Its logic is that there should be no activities inconsistent with this. Secondly, the IRA has clearly stated its willingness to proceed with the implementation of a process to put arms beyond use at the earliest opportunity. Obviously this is not about putting some arms beyond use. It is about all arms. And thirdly, if the two governments and all the parties fulfil their commitments, this will provide the basis for the complete and final closure of the conflict."[162]

Die Regierungen in London und Dublin akzeptierten zwar die Antworten auf die zwei letzten Fragen, nicht aber diejenige auf die erste, da diese lediglich erklärte, dass es keine den Frieden gefährdende Aktivitäten geben *sollte* – die Regierungen vermissten die Zusage, dass es derartige Aktivitäten nicht mehr geben *werde*. Folglich wurden die Wahlen zum nordirischen Parlament verschoben.[163] Dieser Schlagabtausch zwischen der britischen und der irischen Regierung auf der einen und der IRA und Sinn Féin auf der anderen Seite zeigt, dass der Friedensprozess in Nordirland nach wie vor durch mangelndes Vertrauen gekennzeichnet ist. Dublin und London weigerten sich zu glauben, dass die Aussagen von IRA und Sinn Féin Bekenntnisse zum Frieden waren, was die republikanische Seite dazu veranlasste, ihnen Wortspielereien[164] vorzuwerfen.

Schließlich erklärte Tony Blair nach Wochen intensiver Verhandlungen, dass die Wahlen zum nordirischen Regionalparlament am 26. November 2003 stattfinden sollten. Sinn Féin ging aus diesen Wahlen als Sieger auf der nationalistischen Seite hervor. Im unionistischen Lager siegte die DUP. Da Letztere sich weigerte, Gespräche mit Sinn Féin aufzunehmen und darüber hinaus eine Neuverhandlung des Karfreitagsabkommens fordert[165], ist bis zum gegenwärtigen Zeitpunkt keine Regierung zustande gekommen. Im April 2006 kündigten Blair und der irische Premierminister Bertie Ahern an, das im Herbst 2003 gewählte Parlament, welches noch nie zusammengetreten ist, für den 15. Mai einzuberufen. Die Mitglieder des Parlaments haben bis Ende November 2006 Zeit, eine Koalitionsregierung zu bilden. Falls sie dabei scheitern, soll das Parlament aufgelöst und nicht wieder gewählt

---

[162] Adams: Hope and History, S. 382.
[163] Vgl. Maillot: New Sinn Féin. Irish Republicanism in the Twenty-First Century, S. 42.
[164] Vgl. Adams: Hope and History, S. 383.
[165] Die DUP hatte sich nicht an den Verhandlungen beteiligt, die zum Karfreitagsabkommen führten und hat das Dokument auch nicht unterzeichnet. Die Partei fordert eine Neuverhandlung, da sie das Abkommen als eine Gefahr für die Union Nordirlands mit Großbritannien ansieht.

## 4. Der Friedensprozess

werden.[166] Sollte dieser Fall eintreten, wäre das Karfreitagsabkommen in institutioneller Hinsicht gescheitert.

Sinn Féin hat zugesagt, an der Parlamentssitzung im Mai teilzunehmen, um sich an der Regierungsbildung zu beteiligen.[167] Es bleibt abzuwarten, ob die DUP sich angesichts des von der britischen und der irischen Regierung gestellten Ultimatums bereit erklärt, mit Sinn Féin zu kooperieren, da sie nach wie vor Zweifel am Friedenswillen der IRA geltend macht – obwohl die republikanische Untergrundorganisation im Juli 2005 verkündet hat, ihre Mitglieder seien angewiesen worden, den bewaffneten Kampf einzustellen, ihre Waffen abzugeben und in Zukunft ausschließlich politische Methoden anzuwenden, um das Ziel eines vereinigten Irlands zu erreichen.[168]

### 4.2. Sinn Féin in der Regierung

Die politischen Institutionen, die aus dem Karfreitagsabkommen hervorgingen, wurden von den Republikanern als eine Möglichkeit angesehen, weiter auf das Ziel der irischen Wiedervereinigung hinzuarbeiten. Dennoch hätte die Vorstellung, dass Sinn Féin-Mitglieder in der parlamentarischen Versammlung Nordirlands sitzen, Kontroversen innerhalb der Parteibasis auslösen können, wenn es als Anerkennung der irischen Teilung angesehen worden wäre. Gerry Adams beschrieb das nordirische Parlament jedoch als eine Möglichkeit sowohl für die Entwicklung Sinn Féins als auch für die Wiedervereinigung: „Our party is the only national one in Ireland and we have to build our political strength everywhere on this island if we are to secure the national advances we require."[169]

Bei der Unterzeichnung des Karfreitagsabkommens war Sinn Féin sich darüber bewusst, dass der Punkt, der ihre Unterstützer überzeugen würde, der Nord-Süd-Ministerrat war, welcher als die Verwirklichung der Kooperation zwischen den beiden Teilen Irlands angesehen wurde. Dieses Organ war insofern wichtig, als dass seine Fähigkeit, Ergebnisse zu erzielen, als Rechtfertigung für Sinn Féins Version der Wiedervereinigung angesehen werden konnte. Auch die Unionisten erkannten, dass der Ministerrat im Zentrum der Strategie Sinn Féins stand. Aus diesem Grund war es kein Zufall, dass Regierungschef David Trimble im

---

[166] Vgl. Alioth, Martin: Wieder Autonomie für Nordirland?, in: Der Tagesspiegel, Nr. 19156 v. 07.04.2006, S. 6.
[167] Vgl. Sinn Féin: Sinn Féin to attend reconvened Assembly, in: http://www.sinnfeinnews.com/news/detail/13810, download 10.04.2006.
[168] Vgl. Alioth, Martin: Ab 17 Uhr ist Frieden, in: Der Tagesspiegel, Nr. 18908 v. 29.07.2005, S. 5.
[169] Adams, Gerry: Rede auf dem Parteitag der Sinn Féin 1998, S. 3, in: http://www.sinnfein.ie/pdf/Speech_Ard Fheis98.pdf, download 09.03.2006.

## 4. Der Friedensprozess

September 2000 beschloss, die beiden Sinn Féin-Minister aus dem Nord-Süd-Rat auszuschließen, um die Partei dazu zu bewegen, sich für die Entwaffnung der IRA einzusetzen. Nach Ansicht von Sinn Féin verstieß Trimble damit eindeutig gegen das Karfreitagsabkommen, da dieses keinen Abschnitt enthielt, der eine derartige Sanktion erlaubte. Dennoch fanden Treffen zwischen den zwei Sinn Féin-Ministern und ihren Amtskollegen aus der Republik Irland statt. Darüber hinaus klagte Sinn Féin gegen die Entscheidung Trimbles und gewann den Fall, als ein Belfaster Gericht entschied, dass der Ausschluss von Ministern aus dem Rat rechtswidrig sei. Der Regierungschef legte Berufung ein, verlor den Fall aber erneut, da das Berufungsgericht entschied, dass die Streitfrage der Entwaffnung andere wichtige Bestandteile des Karfreitagsabkommens nicht behindern dürfe.[170]

Die Beteiligung an den durch das Friedensabkommen geschaffenen Institutionen war für Sinn Féin nicht nur eine Herausforderung im Hinblick auf das republikanische Prinzip der Nicht-Anerkennung der Teilung Irlands, sondern auch bezüglich der praktischen Fähigkeiten der Partei. Ihre Mitglieder hatten außerhalb ihrer eigenen Wahlkreise nur sehr begrenzte Erfahrungen in politischer Arbeit – meist beschränkten sich diese auf die Tätigkeiten in Gemeinderäten. Da sich Sinn Féin auf Grund ihrer Abstentionismus-Strategie seit 1923 nicht aktiv an parlamentarischer Arbeit beteiligt hatte, war sie mit der parlamentarischen Praxis nicht sehr vertraut. Zudem wurde von allen Seiten Druck auf Parteimitglieder und Minister ausgeübt, nicht nur politische Arbeit abzuliefern, sondern auch ihre demokratischen Qualifikationen unter Beweis zu stellen. In Anbetracht der Tatsache, dass die zwei Sinn Féin-Minister Bairbre de Brún und Martin McGuinness für die Ministerien verantwortlich waren, die gemeinsam mehr als die Hälfte des Budgets der Exekutive[171] zugesprochen bekamen, war diese Herausforderung umso größer.

Die Ernennung von Martin McGuinness zum Bildungsminister war für viele Unionisten eine Provokation.[172] In Anbetracht seiner IRA-Vergangenheit (McGuinness hatte offen zugegeben, Mitglied in der IRA gewesen zu sein[173]) wurde seine Qualifikation für dieses Amt sofort in

---

[170] Vgl. Maillot: New Sinn Féin. Irish Republicanism in the Twenty-First Century, S. 53.

[171] Das Gesamtbudget betrug im Jahr 2000 5,8 Milliarden Pfund, davon entfielen 2,3 Milliarden auf das Gesundheitsministerium und 1,3 Milliarden auf das Bildungsministerium.

[172] Die Ämter wurden nach dem d'Hondt'schen Verfahren verteilt, laut dem die Anzahl der Ministerien für jede Partei von der Anzahl ihrer Sitze im nordirischen Parlament abhängt. Zudem wechselten die Parteien sich bei der Auswahl ihrer Ministerien ab, wobei die stärkste beginnen durfte.

[173] Vgl. Rafter: Sinn Féin. 1905 – 2005. In the Shadow of Gunmen, S. 9.

## 4. Der Friedensprozess

Frage gestellt. Doch aus Sinn Féins Sicht war die Wahl des Bildungsministeriums ein logischer Bestandteil ihrer Strategie: „Sinn Féin's choice made strategic sense for a radical nationalist party; the ministry gives it access to a high-profile, big-spending, potentially redistributive and socialising ministry."[174] Aus diesem Grund setzte der neue Minister alles daran, um seine Pflichten zu erfüllen – nicht nur, weil Bildung als ein Bereich angesehen wurde, der für das republikanische Ziel der Gleichberechtigung aller Bürger unverzichtbar war, sondern auch, weil er sich bewusst war, dass seine Arbeit als Bildungsminister vor allem von seinen Gegnern genau geprüft werden würde.[175]

McGuinness setzte sich in seinem Amt ehrgeizige Ziele – so sollte beispielsweise das Bildungssystem reformiert und Gleichberechtigung zentraler Bestandteil aller Politikbereiche werden. Um diese Ziele zu erreichen, plante sein Ministerium einige weitreichende, in Teilen kontroverse, Reformen – so z. B. die Abschaffung der 11-plus exam, eine Prüfung, die elfjährige Schüler machen müssen, um zu entscheiden, auf welche weiterführende Schule sie gehen sollen. Diese Prüfung, welche es seit 1947 in Nordirland gegeben hatte, wurde von denjenigen verteidigt, die sie als eine Garantie für die Qualität des Bildungssystems ansahen. Andere hielten sie für zu verfrüht und elitär und argumentierten, dass sie das Zweistufensystem bei weiterführenden Schulen zementiere. McGuinness verbarg seine Ablehnung der Prüfung nicht, kündigte aber die Einrichtung einer unabhängigen Kommission an, welche sich mit ihr auseinandersetzen sollte. Die Kommission veröffentlichte im Oktober 2001 unter dem Titel „Education for the 21st Century" einen Bericht, der empfahl, das Zweistufensystem durch eines zu ersetzen, welches gleichrangige Schulen förderte sowie die Prüfung für Elfjährige durch ein System kontinuierlicher Einstufung zu ersetzen.[176]

Zudem ergriff McGuinness die Initiative, um Ungleichheiten des nordirischen Bildungssystems zu bekämpfen, indem er politische Strategien vorlegte, die Menschenrechte fördern, Rassismus bekämpfen und Sondererziehungsanforderungen verbessern sollten. Sein Ministerium schaffte auch die „League Tables", eine jährliche Bewertung der Schulen im Hinblick auf die Leistungen ihrer Schüler, ab. Doch die Politik des Bildungsministers wurde

---

[174] O'Leary, Brendan: The Belfast Agreement and the British-Irish Agreement: Consociation, Confederal Institutions, a Federacy and a Peace Process, in: Andrew Reynolds (Hrsg.): The Architecture of Democracy. Constitutional Design, Conflict Management, and Democracy, Oxford: Oxford University Press, 2002, S. 293-356, hier: S. 355.

[175] Vgl. Murray und Tonge: Sinn Féin and the SDLP. From Alienation to Participation, S. 240-241.

[176] Vgl. Maillot: New Sinn Féin. Irish Republicanism in the Twenty-First Century, S. 55.

## 4. Der Friedensprozess

nicht von allen Seiten begrüßt. Er wurde beschuldigt, seine Wählerschaft und im Allgemeinen katholische Schulen zu bevorzugen, was er vehement bestritt.[177]

McGuinness' Leistungen als Bildungsminister wurden von einigen der größten Lehrerverbände als positiv eingestuft. Die Ulster Teachers Union zog seine Ernennung der eines Londoner Ministers vor, da er sich ganz auf das nordirische Bildungssystem konzentrieren könne. Die Irish National Teachers' Organisation erklärte, McGuinness habe sein Amt so sichtbar und benutzerfreundlich wie möglich ausgeübt. Auch die Kirchen äußerten sich positiv zu den Leistungen des Ministers. So betonte das Bildungssekretariat des Church of Ireland Board of Education, dass sie fair behandelt worden seien.[178]

Das andere Regierungsmitglied Sinn Féins, Bairbre de Brún, wurde von Anbeginn ihrer Amtszeit heftig kritisiert. Obwohl ihr persönlicher politischer Hintergrund weniger kontrovers diskutiert wurde als der von Martin McGuinness, stieß die von ihr verfolgte Politik auf scharfe und oftmals persönliche Kritik ihrer politischen Gegner. Eine der ersten Aufgaben von de Brún war es, über den Standort einer Belfaster Entbindungsklinik zu entscheiden. Die Ministerin beschloss, die Klinik in West- statt in Südbelfast einzurichten und begründete ihre Entscheidung mit der Nähe zu einem Kinderkrankenhaus. Von ihren Gegnern wurde dieses jedoch als ein politischer Schachzug angesehen, der ihrem eigenen Wahlkreis in Westbelfast zu Gute kam.[179]

Bairbre de Brún übernahm das Amt der Gesundheitsministerin zu einem schwierigen Zeitpunkt. Die Wartelisten für Krankenhausbetten waren die längsten im Vereinigten Königreich. Darüber hinaus musste de Brún die Rationalisierung des Gesundheitssystems leiten, wofür sie eine Untersuchung anordnete, um die staatliche Gesundheitspolitik zu überprüfen. Im Juni 2001 wurde der Hayes-Bericht veröffentlicht, welcher eine Konzentrierung von Unfall- und Notaufnahmen sowie die Schließung einiger solcher Stationen – insbesondere der in der Klinik von Omagh zu Gunsten derjenigen im Krankenhaus in Enniskillen – empfahl. Diese Wahl erwies sich für de Brún als schwierig, da beide Kliniken in den Wahlkreisen von republikanischen Westminsterabgeordneten standen.[180]

---

[177] Vgl. Murray und Tonge: Sinn Féin and the SDLP. From Alienation to Participation, S. 242.
[178] Vgl. Maillot: New Sinn Féin. Irish Republicanism in the Twenty-First Century, S. 55-56.
[179] Vgl. Rafter: Sinn Féin. 1905 – 2005. In the Shadow of Gunmen, S. 220.
[180] Vgl. Murray und Tonge: Sinn Féin and the SDLP. From Alienation to Participation, S. 229.

## 4. Der Friedensprozess

De Brúns Ziel war es, im Gesundheitsbereich einen ganzheitlichen Ansatz zu verfolgen, indem sie diesen Bereich in den breiteren Kontext von sozialen und ökonomischen Faktoren einbezog. Von ihren Kritikern wurde ihr jedoch vorgeworfen, sie sei bei dem Versuch gescheitert, die Dienstleistungen im Gesundheitssektor verbessern zu wollen – so sei es ihr z. B. nicht gelungen die Wartelisten für Krankenhausbetten zu verkürzen. Insgesamt wurde die Arbeit de Brúns als zu einseitig kritisiert: „On health [...] the emphasis remained primarily on how many hospitals had acute functions rather than on ill health and its relationships to social exclusion."[181]

Die Exekutive war in Nordirland beispiellos in der Hinsicht, dass sie politische Parteien zusammenbrachte, deren Ziele kaum gegensätzlicher sein könnten. Für Sinn Féin war die Teilnahme an der Exekutive von größter Wichtigkeit. Zum einen hatte die Partei dadurch die Möglichkeit, ihren Wählern, welche sich bis dahin von staatlichen Institutionen ignoriert gefühlt hatten, den politischen Entscheidungsprozess näher zu bringen. Zum anderen war die Regierungsbeteiligung eine Phase, in der Sinn Féin ihre politischen Fähigkeiten erweitern konnte.

---

[181] Wilford, Rick und Robin Wilson: A Route to Stability: The Review of the Belfast Agreement, Belfast: Democratic Dialogue, 2003, S. 17.

## 5. Politische Strategien

### 5.1. Das Image Sinn Féins

Irische Republikaner sind sehr erfahren darin, ihr eigenes Image zu entwickeln und dieses auch an die Öffentlichkeit zu bringen. Der Grund hierfür ist, dass sie trotz des jahrelangen Sendeverbots für Interviews mit Republikanern – das Verbot bestand sowohl in Großbritannien als auch in Irland – versuchen mussten, ihre Überzeugungen und Absichten einer breiten Öffentlichkeit näher zu bringen. Sinn Féins Führung hat sich als fähig erwiesen, eine Botschaft zu formulieren, die bei einer zunehmenden Anzahl der (nord-)irischen Wähler auf Zustimmung stößt. Einige Kritiker beschreiben den Redestil republikanischer Sprecher als eine dogmatische Rhetorik, was darauf zurückzuführen ist, dass die Sprecher nahezu immer dieselben Worte benutzen, um Sachverhalte zu beschreiben, und somit Teile des republikanischen Diskurses als unveränderlich erscheinen. Dennoch hilft gerade diese Art von Rhetorik, Sinn Féin Identität und Zusammenhalt zu verschaffen, was wiederum die Glaubwürdigkeit ihrer Politik steigert. Es ist eine bewusste Strategie. Teile der Nachrichten, die die Sprecher überbringen, sind identisch und enthalten Phrasen wie „seize the opportunity" oder „take the guns out of Irish politics".[182] Diese Strategie ist aus pragmatischen Gründen unerlässlich: Zum einen wäre es der Partei nicht zuträglich, wenn ihre Mitglieder sich widersprechen und zum anderen können bereits kleinste Abweichungen in den Äußerungen – so z. B. im Hinblick auf die Entwaffnung der IRA – von ihren Gegnern ausgenutzt werden, um Sinn Féin zu diskreditieren.

Republikaner genießen den Ruf, im Hinblick auf ihre Öffentlichkeitsarbeit sehr geschickt zu sein. Im Jahr 2001 ergab eine Umfrage im Auftrag der University of Ulster, dass politische Journalisten sowohl Sinn Féin als auch der DUP die besten Noten für ihr Verhältnis zu den Medien geben. „The main factor is simply that they deliver what journalists want – and fast. Sinn Féin is clearly the most highly rated in this regard – but the DUP isn't far behind."[183] Im Falle Sinn Féins ist das auf die Art und Weise zurückzuführen, wie die Partei an die Öffentlichkeit herantritt. Sie hat acht Vollzeit-Pressereferenten, welche sowohl im Norden als auch im Süden Irlands tätig sind. Darüber hinaus bemüht Sinn Féin sich, die Entscheidung

---

[182] Vgl. Maillot: New Sinn Féin. Irish Republicanism in the Twenty-First Century, S. 73-74.
[183] Fawcett, Liz: Journalists Vote Sinn Féin and DUP Best at Media Relations, S. 1, in: http://www.ulster.ac.uk/news/releases/2001/340.html, download 14.03.2006.

## 5. Politische Strategien

darüber, wie eine Nachricht formuliert wird, kollektiv zu treffen und nicht allein die Pressereferenten dafür verantwortlich zu machen.[184]

Doch Sinn Féins Verhältnis zu den Medien war nicht immer einfach. Fast zwei Jahrzehnte wurde die Partei in der Republik Irland von der Berichterstattung der staatlichen Medien ausgeschlossen. Paragraph 31 des Rundfunk- und Fernsehgesetzes aus dem Jahre 1960 überließ dem Minister für Post und Telegraphie die Entscheidungsgewalt, den Medien Anweisungen zu geben. Im Oktober 1971 nutzte der damalige Minister Gerry Collins diese Entscheidungsgewalt, indem er eine Verfügung unterzeichnete, die die Rundfunk- und Fernsehanstalten anwies „to refrain from broadcasting any matter that could be calculated to promote the aims or activities of any organisation which engages in, promotes, encourages or advocates the attaining of any particular objective by violent means."[185]

Zunächst war dieses Verbot ungenau genug, um den Rundfunk- und Fernsehsendern ein Interview mit Seán Mac Stiofáin, dem damaligen Stabschef der IRA, zu erlauben. Danach wurden alle Interviews mit IRA-Sprechern verboten. 1976 weitete eine neue Direktive die Anwendung des Verbots auf mehrere politische Organisationen – einschließlich Sinn Féin – aus.[186] Das führte zu einer widersprüchlichen Situation, in der eine Partei, die legal war, vom Zugang zu den Massenmedien ausgeschlossen wurde.

Der Paragraph 31 des Rundfunk- und Fernsehgesetzes behinderte die Arbeit der Journalisten in hohem Maße, was oftmals dazu führte, das Fehlinformationen verbreitet wurden. Das Verbot bedeutete ebenfalls, dass Sinn Féin-Mitglieder auch nicht als Privatpersonen interviewt werden durften – unabhängig davon, welches Thema besprochen werden sollte.[187] Zudem wurde die Berichterstattung jenseits des Nordirlandkonflikts stark beeinträchtigt. Das war z. B. 1990 der Fall, als bei dem Dubliner Kuchenfabrikanten Gateaux gestreikt wurde. Während des Streiks konnte der öffentlich-rechtliche Sender Radio Telefís Éireann (RTÉ) den Gewerkschaftsführer Larry O'Toole auf Grund seiner Sinn Féin-Mitgliedschaft nicht interviewen. O'Toole brachte diesen Fall vor das Oberste Gericht, welches entschied, dass RTÉs Interpretation des Paragraphen 31 falsch sei. RTÉ legte vor dem obersten Gerichtshof Berufung ein, verlor den Fall jedoch erneut. Obwohl diese Rechtssprechung von den

---

[184] Vgl. Maillot: New Sinn Féin. Irish Republicanism in the Twenty-First Century, S. 74.
[185] Zitiert nach Curtis, Liz: Ireland: The Propaganda War, London: Pluto, 1984, S. 191.
[186] Vgl. Maillot: New Sinn Féin. Irish Republicanism in the Twenty-First Century, S. 75.
[187] Dieses hatte einige abstruse Situationen zur Folge: So wurde beispielsweise ein Radioprogramm, in dessen Rahmen sich die Zuhörer zum Thema Gartenarbeit äußern konnten, unterbrochen als sich herausstellte, dass der Anrufer ein Sinn Féin-Mitglied war.

## 5. Politische Strategien

Republikanern als ein Sieg angesehen wurde, bereitete der Paragraph 31 Sinn Féin dennoch große Schwierigkeiten. Auch heute noch sieht die republikanische Bewegung ihn als Ursache für die schlechten Wahlergebnisse der Partei und das negative Image, unter dem die Führungsspitze damals zu leiden hatte.[188]

Im Gegensatz zu Irland führte Großbritannien erst 1988 ähnliche Maßnahmen durch, als der damalige Innenminister Douglas Hurd Restriktionen für die elektronischen Medien ankündigte.[189] Auf den ersten Blick war diese Gesetzgebung weit weniger streng als ihr irisches Pendant, da das Verbot nicht für Wahlkampfzeiten und auch nicht für Sinn Féin-Sprecher galt, die als Privatpersonen interviewt wurden. Darüber hinaus umgingen die Medien das Verbot ein wenig, indem sie Parteimitglieder während eines Interviews von Schauspielern synchronisieren ließen.[190] Der Paragraph 31 wurde im Januar 1994 von der irischen Regierung aufgehoben und im Herbst desselben Jahres beendete der damalige britische Premierminister John Major auch in Großbritannien die Restriktionen für Sinn Féin.[191]

Der Journalist Ed Moloney ist der Ansicht, dass die Medien einen großen Beitrag dazu geleistet haben, dass Sinn Féin in der Öffentlichkeit meist lediglich als politischer Arm der IRA dargestellt wurde: „Sinn Féin interviews and press conferences became almost exclusively contests between defensive Sinn Féiners and reporters trying to get a revealing and damaging response to the latest IRA disaster."[192]

Auf Grund der Gesetzgebung wurde Sinn Féin sehr vertraut mit den Techniken der Propaganda und sammelte Erfahrungen darin, ihre eigenen alternativen Kommunikationsstrategien zu entwickeln. Abgesehen von der sozialistischen Workers' Party, welche alle zwei Wochen eine Zeitung herausbringt, ist Sinn Féin die einzige Partei in der Republik Irland, die ihre eigene Zeitung veröffentlicht: An Phoblacht – Die Republik. An Phoblacht hat eine lange Geschichte, da dieses bereits der Titel einer Zeitung war, die 1915 in Belfast unter englischem Namen – The Republic – veröffentlicht wurde. Von 1926 bis 1937 war An Phoblacht eine Veröffentlichung der IRA. 1948 wurde sie unter dem Namen United Irishman zu neuem Leben erweckt. Nach der Spaltung der republikanischen Bewegung war

---

[188] Vgl. Maillot: New Sinn Féin. Irish Republicanism in the Twenty-First Century, S. 75.
[189] Sowohl in Großbritannien als auch in Irland waren die Printmedien nicht von dem Verbot betroffen.
[190] Vgl. Adams: Hope and History, S. 185.
[191] Vgl. MacDonncha: Sinn Féin. A Century of Struggle, S. 219.
[192] Moloney, Ed: Closing Down the Airwaves: The Story of the Broadcasting Ban, in: Bill Rolston (Hrsg.): The Media in Northern Ireland, Basingstoke: Macmillan, 1991, S. 8-50, hier: S. 15.

## 5. Politische Strategien

die Führungsspitze der Provisional Sinn Féin darum bemüht sicherzustellen, dass es eine Möglichkeit gab, ihre Nachrichten zu veröffentlichen. Eine ihrer ersten Amtshandlungen war es, in Dublin eine eigene Zeitung zu gründen: An Phoblacht wurde monatlich herausgegeben; die erste Ausgabe erschien am 31. Januar 1970. Im März desselben Jahres wurde in Belfast eine weitere Monatszeitung ins Leben gerufen – Republican News. Innerhalb von zwei Jahren wurden beide Blätter Wochenzeitungen. 1979 wurden sie zu An Phoblacht/Republican News zusammengeschlossen, die in Dublin herausgegeben wird.[193]

In einem Umfeld, das als feindlich gegenüber dem Republikanismus angesehen wurde, war es für Sinn Féin wichtig, dass sie ihren eigenen Weg für Veröffentlichungen nutzen konnte. Sowohl die Republikaner als auch der britische Nachrichtenoffizier Maurice Tugwell waren sich der Wichtigkeit der Propaganda bewusst. Letzterer kommentierte die republikanische Propaganda wie folgt: „Without its aid, the leadership would be powerless to mobilise the masses, inspire confidence and dedication, and focus hatred. Strategy leading towards a military decision can be strengthened by propaganda that lowers enemy morale and makes rebel victory seem inevitable."[194]

In den siebziger Jahren waren in An Phoblacht in der Tat Artikel und Berichte zu finden, die mehrmals den Sieg der republikanischen Bewegung verkündeten und gewisse Methoden, wie z. B. Meinungsumfragen, nutzten, um zu zeigen, dass sie unterstützt wurde. In dieser Hinsicht war die Zeitung ein Werkzeug, welches im so genannten Krieg gegen die Briten eingesetzt wurde, um die Ziele der Republikaner zu erreichen. An Phoblacht erreichte den Höhepunkt ihres Einflusses während des Hungerstreiks, als rund 45.000 Exemplare pro Woche verkauft wurden.[195] Die Verkaufszahlen sanken mit dem Beginn des Friedensprozesses und bewegen sich derzeit bei durchschnittlich 15.000 pro Woche.[196]

Der Friedensprozess brachte jedoch nicht nur sinkende Verkaufszahlen mit sich, sondern auch neue Anforderungen an den Inhalt der Zeitung, da ihre bisherige Propaganda den Friedensverhandlungen nicht zuträglich gewesen wäre. Somit entstand eine zweiteilige Herausforderung: Auf der einen Seite sollte An Phoblacht ihre militante Gesinnung beibehalten, um ihre republikanische Leserschaft nicht zu verlieren. Auf der anderen Seite hingegen sollte sie einem breiteren Publikum zugänglich gemacht werden, um Sinn Féins

---

[193] Vgl. MacDonncha: Sinn Féin. A Century of Struggle, S. 6.
[194] Zitiert nach Wilkinson, Paul (Hrsg.): British Perspectives on Terrorism, London: Allen & Unwin, 1981, S. 17.
[195] Im Vergleich dazu wurden in den frühen siebziger Jahren lediglich circa 20.000 Exemplare in der Woche verkauft.
[196] Vgl. Homepage von An Phoblacht, in: http://www.anphoblacht.com/about, download 16.03.2006.

## 5. Politische Strategien

Rolle innerhalb des Friedensprozesses zu unterstützen. Eine weitere Herausforderung besteht darin, die unterschiedlichen Erwartungen der Leser zu erfüllen. Die Nordiren sind eher an Berichten über sektiererische Gewalt und den Friedensprozess interessiert, wohingegen die Einwohner im Süden die Berichterstattung über sozio-ökonomische Themen bevorzugen.[197]

An Phoblacht finanziert sich selbst und lediglich der Herausgeber und ein Journalist sind fest angestellt – alle anderen Redakteure arbeiten auf freiberuflicher Basis. Ein wichtiger Bestandteil der heutigen Zeitung ist die ausführliche und reichlich bebilderte Berichterstattung über Sinn Féins Abgeordnete und andere Mitglieder in wichtigen Positionen.[198] Auf diese Weise vermittelt Sinn Féin den Wählern ihr Image als Partei, deren Repräsentanten hart arbeitende, engagierte und seriöse Politiker sind.

Während dieses Image Sinn Féin in Nordirland seit Mitte der achtziger Jahre die Unterstützung von Wählern bescherte[199], schnitt die Partei in der öffentlichen Wahrnehmung der Südiren bis in die Mitte der neunziger Jahre äußerst schlecht ab. Das war darauf zurückzuführen, dass Sinn Féin stets mit der IRA und folglich mit dem Konflikt im Norden in Verbindung gebracht wurde. Aus diesem Grund waren die südirischen Wähler der Ansicht, dass die Partei nicht in der Lage sei, ein politisches Programm für die Republik zusammenzustellen. Im Rahmen des Friedensprozesses und der politischen Erfolge Sinn Féins richteten die republikanischen Strategen ihre Aufmerksamkeit auf die Republik Irland, welche wichtig für das Ziel war, eine Partei für ganz Irland zu werden.[200]

Doch die Unterstützung für die Republikaner aus dem Norden war sehr gering: Meinungsumfragen, die in den Jahren vor der Unterzeichnung des Karfreitagsabkommens durchgeführt wurden, zeigen, dass lediglich zwischen 1 und 2 % der Wähler Sinn Féin unterstützen würden.[201] Diese Zahl wurde regelmäßig bei den Wahlen zum irischen Parlament bestätigt. Das größte Hindernis für Sinn Féins Entwicklung war ihr öffentliches Image als politischer Arm der IRA. Diese Verbindung wurde und wird auch heute noch von Politikern und Journalisten verwendet, um die Partei zu beschreiben. Dennoch gab es ab Mitte der neunziger Jahre Anzeichen dafür, dass die öffentliche Wahrnehmung sich langsam wandelte. Die Verbindung zwischen der IRA und Sinn Féin wurde nicht mehr als ausschließlich negativ gewertet: 1993 – ein Jahr vor dem ersten Waffenstillstand der IRA – waren nur 18 % der

[197] Vgl. Maillot: New Sinn Féin. Irish Republicanism in the Twenty-First Century, S. 77-78.
[198] Vgl. Homepage von An Phoblacht, in: http://www.anphoblacht.com, download 16.03.2006.
[199] Vgl. MacDonncha: Sinn Féin. A Century of Struggle, S. 250.
[200] Vgl. O'Brien: The Long War, S. 199.
[201] Vgl. Irish Opinion Poll Archive, in: http://www.tcd.ie/Political_Science/IOPA/, download 16.03.2006.

## 5. Politische Strategien

Befragten der Ansicht, dass Sinn Féin ohne Vorbedingungen an Mehr-Parteien-Gesprächen teilnehmen sollte. Dieser Anteil stieg im Februar 1996 – direkt nach dem Londoner Bombenanschlag, der den Waffenstillstand beendete – auf 26 %.[202] Diese Zahlen lassen vermuten, dass die Befragten davon ausgingen, dass Sinn Féin positiv auf die IRA einwirken und folglich einen neuen Waffenstillstand erwirken könne.

Doch trotz der ständigen Beteuerungen seitens der Parteiführung, dass die beiden Organisationen getrennte Einheiten seien und dass Sinn Féin nicht für die IRA spreche, ließ sich ein großer Teil der südirischen Wählerschaft (66 % im September 1997) nicht davon überzeugen. Was das Verhältnis Sinn Féins zum Friedensprozess betrifft, so ist davon auszugehen, dass viele Wähler die Meinung vertraten, die Partei könne einen entscheidenden Beitrag zum Frieden leisten: Im Vorfeld der britischen Unterhauswahlen im Jahr 1997 waren 42 % der Befragten der Ansicht, dass eine Stimme für Sinn Féin eine Stimme für den Frieden sei – im Gegensatz zu 37 %, die es als eine Stimme für eine Fortsetzung der Gewalt ansahen.[203]

Neben der ihr nachgesagten Verbindung zur IRA war die Tatsache, dass Sinn Féin stets mit dem Nordirlandkonflikt assoziiert und aus diesem Grund als eine Partei des Nordens angesehen wurde, ein weiteres Hindernis, welches sich ihr in der Republik entgegenstellte. Umfragen bezüglich der Themen, die von der Wählerschaft direkt vor den Wahlen als relevant angesehen werden, zeigten, dass Nordirland als eher unwichtig galt. Mit Ausnahme der Wahl im Mai 1981 (zum Höhepunkt des Hungerstreiks), als 14 % der Wähler den Nordirlandkonflikt als wichtigstes Thema ansahen, blieb er ansonsten nahezu unbeachtet: Im Februar 1982 war der Konflikt lediglich für 1 % der Wähler relevant, im November 1982 waren es 0 %, im Januar 1987 3 %, im Dezember 1996 1 % und 2002 4 %.[204] Diese Zahlen verdeutlichen, dass Sinn Féin ihre Politik sehr genau auf den Süden Irlands und damit auf andere Themen als den Konflikt abstimmen muss, um dem Image einer Partei des Nordens zu entgehen.

Was sich hingegen sowohl in der Republik als auch in Nordirland sehr positiv auf das Image Sinn Féins ausgewirkt hat, ist der Friedensprozess. In den Medien wurden die Parteiführer nicht mehr lediglich als mit der IRA assoziierte Personen, sondern als diejenigen dargestellt, die ihre politische Rolle erfüllen. Darüber hinaus wurde die Sinn Féin-Führung auf nationaler

---

[202] Vgl. Maillot: New Sinn Féin. Irish Republicanism in the Twenty-First Century, S. 81.
[203] Vgl. ebd.
[204] Vgl. Irish Opinion Poll Archive, in: http://www.tcd.ie/Political_Science/IOPA/, download 17.03.2006.

5. Politische Strategien

und auch auf internationaler Ebene als dazu fähig präsentiert, Verhandlungen sowohl mit Lokalpolitikern als auch mit ausländischen Diplomaten und Staatsmännern zu führen. Dieses führte dazu, dass viele Wähler die Rolle Sinn Féins im Friedensprozess als positiv bewerteten. In Nordirland zeichnet sich seit den Wahlen zum Northern Ireland Forum[205] im Jahr 1996 ein Trend ab, der sich bis zum gegenwärtigen Zeitpunkt fortgesetzt hat: Sinn Féins Stimmengewinn nimmt zu, da die nationalistischen Wähler die republikanische Bewegung dazu ermutigen wollen, sich weiterhin für den Frieden einzusetzen.[206] Die Wahlerfolge im Norden sind jedoch nicht mit denen in der Republik zu vergleichen, was – wie oben bereits erläutert – darauf zurückzuführen ist, dass die südirischen Wähler den Friedensprozess zwar begrüßen, in ihrem Land aber dennoch andere Themen für wichtiger halten.

Eine Untersuchung der Auswirkungen, welche die Ankündigung der IRA, ihren bewaffneten Kampf zu beenden, auf das Image Sinn Féins sowohl im Norden als auch im Süden hat, steht noch aus. Es ist jedoch zu vermuten, dass diese Ankündigung bei denjenigen Wählern, die bisher ein schlechtes Bild von der Partei hatten, nicht zu einem Meinungsumschwung führen wird. Der Grund dafür liegt in der Tatsache, dass die IRA trotz Abrüstung und dem Bekenntnis zu friedlichen Methoden beschuldigt wird, kriminellen Aktivitäten nachzugehen.[207] Dieses dürfte kritische Wähler dazu veranlassen, Sinn Féin nicht ihre Stimme zu geben.

## 5.2. Kampagnen

Sinn Féins neuester Wahlspruch lautet: „A party of equals" und ist eine deutliche Abkehr von ihrem vorherigen Slogan „Armalite and ballot box"[208]. Obwohl dieser Slogan nie als offiziell galt, definierte er die Strategie, die die Partei seit den frühen achtziger Jahren verfolgt hatte. Er sprach sowohl die Unterstützer des bewaffneten Kampfes als auch die der politischen Strategie an. Im Rahmen des Friedensprozesses verlor er schließlich seine Gültigkeit und wurde durch „A party of equals" ersetzt. Doch ein Slogan allein reichte nicht aus, um Sinn Féins politische Qualifikationen zu demonstrieren. In den achtziger Jahren begann die Partei

---

[205] Aus allen im Northern Ireland Forum vertretenen Parteien sollte eine verfassungsberatende Kommission hervorgehen. Sinn Féin erzielte mit 15,5 % ihr bis dahin bestes Wahlergebnis im Norden, lehnte jedoch im Einklang mit der SDLP eine förmliche Arbeit des Forums, da sie eine schlichte Reinstallierung eines nordirischen Parlamentes ohne grundlegende neue Verfassung befürchtete.
[206] Vgl. Feeney: Sinn Féin. A Hundred Turbulent Years, S. 417.
[207] Im März 2006 führten nord- und südirische Sicherheitskräfte an der inneririschen Grenze gemeinsame Razzien durch. Der Schwerpunkt lag dabei auf mutmaßlichen Hauptquartieren der IRA, in denen Schmuggeloperationen geplant werden.
[208] Siehe Kapitel 3.2.

## 5. Politische Strategien

zunächst damit, neue Schlagworte wie „community work", „people empowerment" und „local democracy" in ihr Vokabular aufzunehmen. Diese Konzepte wurden die Eckpfeiler der Strategie, mit der Sinn Féin Wahlerfolge erzielt.[209]

Das Ziel der Partei war es, die partizipatorische Demokratie zu fördern, d. h. also dem Volk größere Mitbestimmungsrechte einzuräumen. Diese Philosophie wurde in dem 1998 veröffentlichten Dokument „Putting People First" erläutert. Das Dokument skizzierte die Absicht Sinn Féins, den Entscheidungsprozess auf lokale Gemeinschaften zu übertragen: „To do otherwise merely leaves intact the structures, which inevitably recreate economic and soical inequalities and the continued exclusion of communities from decision making which affect their lives."[210] Sinn Féins Erfahrungen in Straßenprotesten war hilfreich, um diese Absicht zu verwirklichen, da sie es den Aktivisten ermöglichte, sich als diejenigen darzustellen, die die Dinge ins Rollen brachten.

Die Tradition der Straßenproteste, welche die Partei in den Jahren geprägt hatte, in denen sie weniger als politische Partei, sondern vielmehr als Protestbewegung zu definieren war, erwies sich auch im Rahmen der Wahlkämpfe als ein großer Vorteil. Mitte der neunziger Jahre wurde das National Campaigns Department unter Vorsitz von Jim Gibney gegründet. Die Hauptfunktionen dieser Einrichtung sind die Identifikation wichtiger Themen sowie die Planung und Finanzierung von Kampagnen. Zudem soll sie sicherstellen, dass Sinn Féins Kampagnen nicht allein über die Medien und über gewählte Foren laufen. Die Partei möchte lokalen Gemeinschaften vermitteln, dass sie sich an Kampagnen beteiligen sollen, die sie betreffen, da auf dieser Ebene der partizipatorischen Demokratie größere Erfolge zu erzielen seien als auf der Ebene von Institutionen und Behörden.[211] Der Nutzen dieser Strategie liegt auf der Hand: Über die diversen lokalen Gemeinschaften kann Sinn Féin sich den Menschen vor Ort präsentieren und auf diese Weise Wähler für sich gewinnen.

Ein Beispiel für eine lokale Kampagne Sinn Féins ist die Anti-Drogen-Kampagne der neunziger Jahre in Dublin, die in den Medien große Beachtung fand. Für die Partei hatte sie zwei Vorteile: Zum einen bezog sie sich auf die Wählerschaft, bei der Sinn Féin sich die größten Erfolge versprach – die Arbeiterklasse der Innenstadt. Zum anderen bot sie die Möglichkeit, sich mit einem Thema auseinander zu setzen, das nicht ausschließlich mit

[209] Vgl. Maillot: New Sinn Féin. Irish Republicanism in the Twenty-First Century, S. 88.
[210] Sinn Féin-Dokument „Putting People First" aus dem Jahr 1998, S. 1, in: http://www.sinnfein.ie/policies/document/125, download 18.03.2006.
[211] Vgl. Maillot: New Sinn Féin. Irish Republicanism in the Twenty-First Century, S. 89-90.

## 5. Politische Strategien

Nordirland verbunden war. In den frühen achtziger Jahren hatten lokale Gemeinschaften, die sich machtlos und von der Polizei im Stich gelassen fühlten, ihre eigenen Organisationen gegründet, so z. B. die Coalition of Communities Against Drugs, in der auch Sinn Féin-Mitglieder waren. Die Kampagne erlangte schnell ein negatives Ansehen, da die Organisationen beschuldigt wurden, illegale Mittel anzuwenden, um ihre Ziele zu erreichen: die öffentliche Bekanntmachung von Drogenabhängigen und ihren Dealern sowie deren gewaltsame Vertreibung. Grausamer Höhepunkt dieser Taktik war die Ermordung eines mutmaßlichen Drogendealers im Mai 1996. Auch die IRA wurde beschuldigt, an den illegalen Methoden beteiligt zu sein.[212]

Sinn Féin geriet dadurch in eine schwierige Situation: Auf der einen Seite wollte sie sich als eine respektable Partei präsentieren, die sich gegen derartige Methoden ausspricht. Auf der anderen Seite zeigten mehrere Parteimitglieder Verständnis für diejenigen Bürger, die versuchten, selbst gegen das Drogenproblem zu kämpfen. Sinn Féins bisher einziges Dokument zum Thema Drogen „Empowering Local Communities" wurde im Oktober 1996, als die Anti-Drogen-Kampagne ihren Höhepunkt erreichte, veröffentlicht. Es begrüßte die in den frühen achtziger Jahren entstandenen Gruppen, wie beispielsweise Concerned Parents Against Drugs, als „fine examples of local democracy at work."[213] Der Rückgang solcher Gruppen sei laut Dokument auf die Verleumdungskampagnen zurückzuführen, welche die Medien, die Behörden und politische Parteien organisierten, um sie als „Provo front"[214] zu diskreditieren. Nach Ansicht Sinn Féins waren in den Gruppen jedoch lediglich besorgte Bürger, die ihre Probleme selbst in die Hand nahmen.[215]

Seit der Veröffentlichung dieses Dokumentes haben sich Sinn Féins Drogenpolitik und ihre Einstellung gegenüber Bürgern, die das Drogenproblem selbst bekämpfen, geändert. Das Ergebnis dieser Veränderung zeigte sich 2002 in ihrem Wahlprogramm, in dem das Thema Drogen etwas anders angegangen wurde: Der Schwerpunkt lag auf der Notwendigkeit, Drogensüchtige zu behandeln, und die finanziellen Mittel der Polizei zu erhöhen, damit diese gegen Dealer vorgehen können.[216]

---

[212] Vgl. McDonald, Henry: The Drugs of Dublin, in: Spotlight, Ausgabe 11/2000, S. 48-49, hier: S. 49.

[213] Sinn Féin-Dokument „Empowering Local Communities" aus dem Jahr 1996, S. 2, in: http://www.sinnfein.ie/gaelic/policies/document/123, download 21. 03. 2006.

[214] Diese Bezeichnung spielt auf die Provisionals der republikanischen Bewegung an, welche meist schlicht als „Provos" bezeichnet werden.

[215] Vgl. „Empowering Local Communities", S. 2.

[216] Vgl. Sinn Féin General Election Manifesto 2002 „Building an Ireland of Equals", S. 20, in: http://www.sinnfein.ie/pdf/GeneralElection02.pdf, download 21.03.2006.

5. Politische Strategien

## 5.3. Sinn Féins Rolle in der Republik Irland und in Großbritannien

Seit Mitte der neunziger Jahre ist die Unterstützung Sinn Féins in der Republik Irland gewachsen. Bei den Lokalwahlen 1999 erreichte die Partei lediglich 3,5 % der Stimmen, wohingegen es 2004 bereits 8 % waren. Bei den Europa-Wahlen zeigte sich ein ähnliches Bild: 1999 betrug der Stimmenanteil 6,3 % und 2004 waren es 11,1 %. Auch bei den irischen Parlamentswahlen ist ein Anstieg zu verzeichnen: 1997 stimmten 2,5 % der Wähler für Sinn Féin, 2002 waren es bereits 6,5.[217]

Wählerbefragungen, die im Rahmen der Parlamentswahlen 2002 durchgeführt wurden, ergaben, dass die meisten der Sinn Féin-Wähler in zwei Kategorien zu finden waren: die jungen Iren (18 bis 24 Jahre), von denen 14,5 % die Partei gewählt hatten, und die Arbeiterklasse, aus der 10,3 % für Sinn Féin gestimmt hatten. Damit lag die Partei bei den Angehörigen der Arbeiterklasse auf Platz zwei direkt hinter der Labour Party, die 11,9 % gewählt hatten. Doch gerade der Verlass auf diese beiden Gruppen könnte sich für Sinn Féin als problematisch erweisen, da große Teile sowohl der jungen Generation (59,5 %) als auch der Arbeiterklasse (45,7 %) dazu tendieren, nicht zu wählen.[218]

Die Wählerbefragungen zeigten auch, dass es Grenzen gegeben hatte, die Sinn Féin noch nicht überschreiten konnte: Lediglich 4,5 % der Wähler aus der Mittelschicht und nur 2,5 % der Bauern hatten ihre Kandidaten gewählt.[219] Letzteres deutet darauf hin, dass Sinn Féin noch immer eine Partei der Städter ist. Zudem muss sie noch einiges leisten, um mehr Wähler davon zu überzeugen, dass sie eine Alternative zu den großen Parteien ist und sich nicht lediglich mit lokalen und speziellen Themen befasst. In den Lokalwahlen 2004 scheint ihr dieses gelungen zu sein. Sie konnte ihre Sitze in den Stadt- und Gemeinderäten mehr als verdoppeln – 1999 gewann sie 23 und im Jahr 2004 52 Sitze.[220]

Sinn Féin nimmt innerhalb der politischen Landschaft der Republik Irland eine besondere Position ein, indem sie auf zwei verschiedenen Ebenen mit zwei verschiedenen politischen Parteien kämpft. Sie kämpft einerseits um die Stimmen der Anhänger der republikanischen Bewegung, welche im Süden Irlands bis vor kurzem ausschließlich mit Fianna Fáil assoziiert wurde, und andererseits um die Stimmen der Arbeiterklasse, welche traditionell von der Labour Party repräsentiert wird. Es bleibt abzuwarten, ob sie ihren Stimmenanteil in

---

[217] Vgl. MacDonncha: Sinn Féin. A Century of Struggle, S. 253.
[218] Vgl. Gallagher, Michael, Michael Marsh und Paul Mitchell (Hrsg.): How Ireland Voted 2002, Basingstoke: Palgrave Macmillan, 2003, S. 151.
[219] Vgl. ebd.
[220] Vgl. Maillot: New Sinn Féin. Irish Republicanism in the Twenty-First Century, S. 100.

5. Politische Strategien

zukünftigen Wahlen weiter erhöhen und somit eine ernsthafte Konkurrenz für Fianna Fáil und die Labour Party werden kann.

In Großbritannien stehen den Repräsentanten der nordirischen Parteien 18 Sitze im britischen Unterhaus zu. Sinn Féin gewann im Jahr 2001 vier Sitze und konnte bei den Wahlen im Mai 2005 einen weiteren hinzugewinnen.[221] Seit Anfang 2002 nehmen die ins Unterhaus gewählten Abgeordneten Sinn Féins die ihnen dort zustehenden Büros ein, beteiligen sich jedoch nicht an den Sitzungen, da sie die dafür notwendige Eidesleistung auf die britische Königin nach wie vor ablehnen.[222] Aus diesem Grund wird die irisch-nationalistische Rolle im Unterhaus nicht von Sinn Féin, sondern von der SDLP übernommen, die gegenwärtig drei Abgeordnete[223] dort hat, die auch an den Sitzungen teilnehmen.

---

[221] Vgl. The 2005 Westminster Elections in Northern Ireland, in: http://www.ark.ac.uk/elections/fw05.htm, download 22.03.2006.

[222] Vgl. Noetzel, Thomas: Geschichte Irlands. Vom Erstarken der englischen Herrschaft bis heute, Darmstadt: Primus, 2003, S. 211.

[223] Vgl. The 2005 Westminster Elections in Northern Ireland, in: http://www.ark.ac.uk/elections/fw05.htm, download 12.04.2006.

# 6. Agenda der Gleichberechtigung – Sinn Féins politische Inhalte

## 6.1. Sozialistischer Republikanismus

„Equality is the most important aspect of republicanism."[224] Diese Feststellung, die Sinn Féins Präsident Gerry Adams nicht nur in seiner Autobiographie, sondern auch auf dem Parteitag 2003 verkündete, stellt für die Partei, die sich jahrzehntelang auf die nationale Frage und die irische Wiedervereinigung konzentriert hatte, einen Aufbruch in andere politische Gebiete dar – ohne dabei das Hauptziel eines vereinten Irlands zu vernachlässigen.

Die Republikaner machen geltend, dass in der Republik Irland trotz des wirtschaftlichen Aufschwungs nach wie vor Ungleichheiten bestehen. Die wichtigste Ursache hierfür sehen sie in dem Wirtschaftsmodell[225], welches dem Aufschwung zu Grunde liegt und ihrer Ansicht nach unhaltbar ist, da ausländische Unternehmen sich zurückziehen würden, sobald Irland ihnen keine profitablen Konditionen mehr bieten könne. Zudem kritisieren die Republikaner auch das Versäumnis der irischen Regierungen – unabhängig davon, ob sie von Fianna Fáil oder Fine Gael[226] und in einer Koalition mit der Labour Party geführt wurden bzw. werden – den Kampf gegen Armut zur Priorität zu machen. Sinn Féin ist sogar der Ansicht, dass die Ungleichheiten sich mit dem wirtschaftlichen Aufschwung verschlimmert haben.[227] In dem Dokument „No Right Turn: Sinn Féins Call to Action Against the Thatcherisation of Ireland" identifiziert die Partei diesen Trend als eine „agenda [which, d. Verf.] represents a very negative development in Irish politics and will exacerbate the problems of gross inequality and injustice that exist in the State already."[228]

Laut Sinn Féins Analyse sind die ökonomischen Indikatoren, die Irland am Ende des 20. Jahrhunderts an die Spitze der EU-Staaten gebracht haben, kein ausreichender Beweis für den wirtschaftlichen Erfolg des Landes. Die Tatsache, dass sich trotz der in den neunziger Jahren erzielten Wachstumsraten sowohl der Abstand zwischen Armen und Reichen als auch die Anzahl der unter der Armutsgrenze lebenden Kinder vergrößert hat, wird den Regierungen

---

[224] Adams: Hope and History, S. 310.

[225] In der Republik Irland einigten sich Regierung, Arbeitgeber und Arbeitnehmer 1987 auf eine nationale Erneuerung. Verwaltungen und Arbeitsmarkt wurden entbürokratisiert und die Bildung mit hohen Geldsummen gefördert. Niedrige Unternehmenssteuern begünstigten Investitionen und lockten ausländisches Kapital an. Hinzu kam eine strikte Lohnzurückhaltung, die auch die Arbeitnehmer akzeptierten, da die Einkommenssteuer gesenkt wurde.

[226] Der Name dieser Partei stammt aus dem Irischen und bedeutet übersetzt „Stamm der Gaelen". Fine Gael wurde 1933 gegründet und ist pro-britisch und anti-republikanisch ausgerichtet.

[227] Vgl. Sinn Féin General Election Manifesto 2002, S. 1.

[228] Sinn Féin-Dokument „No Right Turn: Sinn Féin's Call to Action Against the Thatcherisation of Ireland" aus dem Jahr 2003, S. 2, in: http://www.sinnfein.ie/pdf/No%20Right%20Turn%20Document.pdf, download 24.03.2006.

6. Agenda der Gleichberechtigung – Sinn Féins politische Inhalte

zugeschrieben, welche es versäumt hätten, Ungerechtigkeiten zu beseitigen. Das Wahlprogramm aus dem Jahr 2002 zählt die nach Ansicht der Partei dringlichsten sozialen Probleme Irlands auf: Ein Viertel aller Kinder und ein Fünftel aller Erwachsenen leben in Haushalten mit lediglich der Hälfte eines durchschnittlichen Einkommens; die Krise des Gesundheitssystems; im Vergleich aller Industriestaaten – mit Ausnahme der USA – die ungerechteste Vermögensverteilung sowie der große Anteil von Frauen unter den Mindestlohnverdienern und Teilzeitbeschäftigten.[229]

Eines von Sinn Féins Zielen ist es, die Armut zu besiegen, welche in dem Dokument „Eliminating Poverty: A 21st Century Goal" wie folgt analysiert wird: „Poverty is a persistent condition associated with unfettered market economies. It also arises out of the failure of the state structures to plan development."[230] In diesem Dokument wird unter anderem empfohlen, die Ausgaben für soziale Zwecke zu erhöhen und im Kampf gegen die Armut einen menschenrechtlichen Ansatz zu verfolgen.

Sinn Féin gibt den Zustand des öffentlichen Sektors und insbesondere des Gesundheitswesens als Beweis für das Versäumnis des Staates an, Probleme zu bewältigen, die in erster Linie die sozial schwächsten Bevölkerungsgruppen treffen. In der Tat waren die staatlichen Investitionen spärlich: Eine Studie zum wirtschaftlichen Aufschwung Irlands zeigt, dass die Republik der einzige EU-Staat ist, dessen Staatsausgaben weniger als 40 % des Bruttoinlandsprodukts betragen, und kommt zu dem Schluss, dass „successive administrations in Dublin drew away from providing public services and public welfare in the 1990s in favour of providing tax breaks that favoured the richer segments of Irish society."[231]

Sinn Féins Ansicht nach kann nur eine umfassende Umgestaltung der ökonomischen und sozialen Strukturen zur Gleichberechtigung und Chancengleichheit in Irland führen. Das bedeutet die Ablehnung aller Versuche, Teile des öffentlichen Dienstes, wie z. B. das Verkehrs- oder das Gesundheitswesen, zu privatisieren. Die Partei schlägt Folgendes vor: enorme staatliche Investitionen in den öffentlichen Dienst, um seine Leistungen allen zugänglich zu machen; kostenlose Gesundheitsversorgung; kostenlose Bildung sowie eine bessere Vermögensverteilung mittels einer Umstrukturierung des Steuersystems.[232]

---

[229] Vgl. Sinn Féin General Election Manifesto 2002, S. 4-7 u. S. 21-24.
[230] Sinn Féin-Dokument „Eliminating Poverty: A 21st Century Goal" aus dem Jahr 2004, S. 3, in: http://www. sinnfein.ie/pdf/SFArdFheis04Poverty.pdf, download 26.03.2006.
[231] Coulter, Colin und Steve Coleman (Hrsg.): The End of Irish History? Critical Reflections on the Celtic Tiger, Manchester: Manchester University Press, 2003, S. 48.
[232] Vgl. „No Right Turn", S. 3-6.

### 6. Agenda der Gleichberechtigung – Sinn Féins politische Inhalte

Die von Sinn Féin befürwortete Art des Sozialismus gehört zu keiner bestimmten Schule, sondern nimmt auf James Connolly[233] und die auf die Proklamation der Irischen Republik im Jahre 1916 zurückgehende historische Idee Bezug. Die Partei präsentiert ihren Sozialismus als gleichbedeutend mit dem irischen Republikanismus, weshalb für sie kein Grund besteht, ihn näher zu erläutern. Doch wenn die Gründung einer vereinten sozialistischen irischen Republik seit den frühen sechziger Jahren Sinn Féins erklärtes Ziel war, ist das Verhältnis der Partei zu dieser speziellen Ideologie in den vergangenen 40 Jahren ambivalent gewesen. Es gibt mehrere Gründe, aus denen der Sozialismus per se nicht die Ideologie ist, die am besten zu dem nationalistischen Kampf der Republikaner passte.

Zunächst einmal wurde jede Analyse, welche den Nordirland-Konflikt als Klassenkampf beschreibt, als kontrovers angesehen, da sie das Ziel der irischen Wiedervereinigung gefährden könnte. Genau dieser Punkt führte 1970 zur Spaltung in die nationalistische Provisional und die sozialistische Official Sinn Féin. Die Mitglieder der Provisional Sinn Féin hielten das Sektierertum für einen kontroversen Faktor und sahen wenig Sinn in dem Ziel der Official Sinn Féin, die Arbeiterklasse jenseits aller sektiererischen Grenzen zu vereinigen. Bis zu einem gewissen Grad wurde die von der Official Sinn Féin befürwortete Art des Sozialismus als konterrevolutionär angesehen, da sie beabsichtigte, Ungleichheiten durch den Staat und dessen Institutionen auszugleichen, welche von den Provisionals nicht anerkannt wurden. Zudem konnte der Sozialismus in der republikanischen Bewegung, welche Menschen aus sehr verschiedenen sozialen und ökonomischen Umfeldern zusammenbrachte, keine von allen akzeptierte Ideologie sein. Und schließlich fürchteten die Republikaner, dass der Sozialismus ihre militärische Strategie gefährden könnte, indem er sie durch eine politische Vorgehensweise ersetzte.[234]

In den achtziger Jahren stand innerhalb Sinn Féins die nationale Frage im Vordergrund, weshalb der Sozialismus nur einen geringen Stellenwert hatte. Doch in den Folgejahren bewegte sich der Diskurs zunehmend nach links und die Partei begann zu bekräftigen, dass sie von den sozialistischen Idealen überzeugt sei. Darüber hinaus präsentierte sie sich als die einzige wirkliche linksgerichtete Partei in Irland.[235] Es besteht kein Zweifel daran, dass die

---

[233] James Connolly organisierte Arbeiterproteste in Dublin. Um die Arbeiter vor Übergriffen der Polizei zu schützen, gründete er 1913 die Irish Citizens' Army. Er verband republikanische Ideen mit sozialistischen Einflüssen und war während des Osteraufstands 1916 Offizier der Rebellen. Als Unterzeichner der Proklamation der Irischen Republik wurde Connolly hingerichtet.

[234] Vgl. Walsh: Irish Republicanism and Socialism, S. 45-46.

[235] Vgl. Maillot: New Sinn Féin. Irish Republicanism in the Twenty-First Century, S. 104.

6. Agenda der Gleichberechtigung – Sinn Féins politische Inhalte

Waffenruhen und das von der IRA verkündete Ende des bewaffneten Kampfes den Weg für eine offenere sozialistische Politik geebnet haben. Die heutige republikanische Führung ist selbstbewusst genug, eine Klassenanalyse vorzulegen. Die Republikaner bestehen darauf, dass Sinn Féin ihre Identität als Partei der Arbeiterklasse beibehalten muss, wenn sie ihre Forderung nach Gleichberechtigung für diejenigen, die sie repräsentiert, in die Tat umsetzen möchte.

## 6.2. Gender

Die Gleichberechtigung der Geschlechter ist ein wichtiges Prinzip innerhalb Sinn Féins Republikanismus. Sinn Féin ist bestrebt, die von ihr als notwendig erachteten Schritte zu unternehmen, um innerhalb der Partei ein ausgewogenes Verhältnis der Geschlechter zu erzielen – im Hinblick sowohl auf Politik und Strukturen als auch auf Mitgliedschaft und Führungsebene. So wurde beispielsweise auf dem Parteitag 2003 die Satzung geändert, damit 50 % der Posten in der Nationalen Parteiführung Frauen vorbehalten sind.[236]

Die Art und Weise, auf die Sinn Féin sich in der Vergangenheit mit Frauenthemen auseinander gesetzt hat, unterscheidet sich kaum von anderen politischen Organisationen in Irland, ist aber dennoch speziell mit der Parteigeschichte verbunden. Zum einen hatten die Auswirkungen von britischer Vorherrschaft und irischem Nationalismus einen Einfluss auf die allgemeine Einstellung gegenüber Frauen, welcher eine Tendenz zu einem patriarchalischen Gesellschaftsmodell zur Folge hatte.[237] Dieses hat dazu beigetragen, dass Frauenthemen ins Abseits gerieten und ihre Beteiligung am politischen Prozess erschwert wurde. Zum anderen führte die Tatsache, dass der irische Republikanismus eng mit dem bewaffneten Kampf – bei dem es sich um ein von Männern dominiertes Gebiet handelte[238] – verbunden war, zu einem strukturellen Missverhältnis und zu einer verzerrten Wahrnehmung der Rolle der Frau innerhalb der republikanischen Bewegung.

Doch in den frühen achtziger Jahren begann Sinn Féin, sich mit Frauenthemen auseinander zu setzen, was der Forderung der Basis nach Gleichberechtigung und der Erkenntnis, dass diese auch den Kampf um die Gleichberechtigung der Geschlechter umfassen sollte, entsprach. Diese neue Tendenz beschränkte sich jedoch nicht auf Sinn Féin allein. Ebenfalls zu Beginn

---

[236] Vgl. Sinn Féin-Dokument „Sinn Féin – Engine for Change: Women in an Ireland of Equals" aus dem Jahr 2004, S. 2, in: http://www.sinnfein.ie/pdf/WomensDocument2004.pdf, download 31.03.2006.

[237] Vgl. Meaney, Geraldine: Sex and Nation: Women in Irish Culture, Dublin: Attic Press, 1991, S. 5.

[238] Das bedeutet nicht, dass Frauen keine aktive Rolle im bewaffneten Kampf spielten. Zwar beteiligten sich überwiegend Männer, doch es gab auch Frauen, die sich zu Kämpferinnen ausbilden ließen.

## 6. Agenda der Gleichberechtigung – Sinn Féins politische Inhalte

der achtziger Jahre begannen feministische und Frauenorganisationen die Bedeutung des politischen Alltagsgeschäftes zu überdenken und sich aktiver in politischen Parteien zu engagieren. Das hatte zur Folge, dass politische Organisationen ihre Programme mit folgendem Ziel erweiterten: „to include policies on equal opportunities and reproductive rights, as well as to revise traditional party positions on family policy to take into account new understandings of gender and power."[239]

Frauen spielten trotz der Tendenz zu patriarchalischen Strukturen innerhalb der republikanischen Bewegung eine bedeutende Rolle. Die IRA verfügte jahrelang über eine weibliche Abteilung, die separat organisiert war, jedoch dem Kommando des Army Council[240] unterstand. Die Frauen beteiligten sich 1916 am Osteraufstand und von 1922-1923 am Bürgerkrieg, sie erlebten die Gefangenschaft und nahmen an Hungerstreiks teil. Ende der siebziger Jahre wurde diese Abteilung ganz in die IRA eingegliedert und die weiblichen Aktivisten kämpften an der Seite ihrer männlichen Kollegen.[241]

Sinn Féin verweist im Zusammenhang mit der Gleichberechtigung der Geschlechter stets auf Frauen, welche im irischen Republikanismus eine herausragende Rolle gespielt haben. Eine von ihnen war Constance Markievicz, die die einzige Frau in der ersten irischen Regierung und von 1919 bis 1921 Arbeitsministerin war. Es gibt jedoch keinen Hinweis darauf, dass jemals eine Frau innerhalb der IRA Befehlsgewalt ausgeübt hat. In der öffentlichen Wahrnehmung wurde Frauen oft eine traditionelle Rolle zugewiesen – sie sollten das Rückgrat des republikanischen Kampfes sein und für ihre sich „im Krieg" befindlichen Männer sorgen.[242]

Als der bewaffnete Kampf das wichtigste Element republikanischer Strategien war, bot Sinn Féin den Frauen ein Forum, in dem sie eine aktive Rolle spielen konnten. Die Partei war darüber hinaus die erste politische Organisation in Irland, die in den vierziger Jahren einen weiblichen Präsidenten hatte. Margaret Buckley, die sich auch am Osteraufstand beteiligt hatte, übernahm bis 1948 die Parteiführung. Von 1972 bis 1976 war Máire Drumm Vizepräsidentin von Sinn Féin.[243]

---

[239] Lovenduski, Joni (Hrsg.): Gender and Party Politics, London: Sage, 1993, S. 2.
[240] Der Army Council ist das oberste Befehlsorgan der IRA. Er besteht aus sieben Mitgliedern und wird vom Army Executive gewählt.
[241] Vgl. Coogan: On the Blanket, S. 580.
[242] Vgl. Schulze-Marmeling und Sotscheck: Der lange Krieg, S. 283.
[243] Vgl. Rafter: Sinn Féin. 1905-2005. In the Shadow of Gunmen, S. 102.

6. Agenda der Gleichberechtigung – Sinn Féins politische Inhalte

Es waren jedoch nicht die wenigen herausragenden Frauen, sondern der Hungerstreik 1980/1981, welcher die Rolle von Frauen innerhalb der republikanischen Bewegung erheblich hervorhob. Die Frauen wurden nicht länger als Rückgrat des Widerstands, sondern als Kämpferinnen für ihre eigenen Rechte angesehen, die Risiken eingingen und bereit waren, ihre Freiheit und ihr Leben zu opfern. Im Oktober 1980 traten drei weibliche Gefangene im Gefängnis in Armagh in den Hungerstreik. Die Rolle von Frauen wurde aber auch durch die Kampagne unterstrichen, die sie außerhalb des Gefängnisses zur Unterstützung der Insassen durchführten.[244]

All das führte jedoch nicht dazu, dass Frauen auch vermehrt ins politische Geschehen miteinbezogen wurden. Hierfür gibt es zwei Gründe: Zum einen wurden sie trotz ihrer aktiven Unterstützung für die streikenden Gefängnisinsassen nicht als Teil des nordirischen Konfliktes angesehen, sondern als Außenstehende, die lediglich ihre männlichen Verwandten unterstützten. Zum anderen gerieten feministische Themen oftmals auf Grund der kontroversen politischen Situation in den Hintergrund. Daraus ist Folgendes zu schließen: „The dominance of masculinity, and masculine meanings and material power and advantages over women, are not on the mainstream negotiating agendas in the north of Ireland."[245]

Innerhalb Sinn Féins begegneten einige Mitglieder der Absicht, Frauenthemen in den Vordergrund zu rücken, mit deutlicher Ablehnung. In der republikanischen Bewegung gab es – wie erwähnt – patriarchalische Tendenzen, welche mit der feministischen Forderung nach Veränderung und Anerkennung zusammenprallten. Die Konflikte zwischen diesen beiden Richtungen wurden durch die Ansicht verstärkt, dass jedes Thema, welches nicht direkt mit der nationalen Frage verbunden war, vom republikanischen Kampf ablenke und deshalb zurückgestellt werden müsse bis das Hauptziel – ein vereintes Irland – erreicht sei.[246] Doch der darin enthaltene Widerspruch entging weder der Führungsebene noch den Mitgliedern, welche einzusehen begannen, dass die von ihnen angestrebte Selbstbestimmung nicht lediglich ein territoriales oder institutionelles Ziel sein konnte. Die Selbstbestimmung musste alle Teile der Bevölkerung umfassen – die Forderungen der Frauen waren in diesem Prozess ein bedeutender Bestandteil.

---

[244] Vgl. Maillot: New Sinn Féin. Irish Republicanism in the Twenty-First Century, S. 109-110.
[245] Roulston, Carmel und Celia Davies : Gender, Democracy and Inclusion in Northern Ireland, Basingstoke : Palgrave Macmillan, 2001, S. 176.
[246] Vgl. Maillot: New Sinn Féin. Irish Republicanism in the Twenty-First Century, S. 111.

## 6. Agenda der Gleichberechtigung – Sinn Féins politische Inhalte

1982 richtete Sinn Féin das Women's Department ein, um die Rolle von Frauen sowohl innerhalb der republikanischen Bewegung als auch in der gesamten Gesellschaft zu fördern.[247] 1994 organisierte die erste Dachorganisation republikanischer Frauen – A Woman's Agenda for Peace – eine Konferenz, an der sowohl Feministinnen als auch Republikanerinnen teilnahmen. Die Konferenz wurde in Anbetracht des Friedensprozesses abgehalten, da viele Frauen fürchteten, ihre Anliegen würden im Rahmen dieses Prozesses ignoriert werden.[248] Sinn Féin veröffentlichte 2002 das Dokument „Women in an Ireland of Equals", in dem die Partei ihre Einstellung gegenüber Frauen formulierte: „Sinn Féin advocates the right to social, economic and cultural equality. This encompasses the equality of all women irrespective of their race, age, marital or family status, sexual orientation, physical or mental capacities, ethnicity, social origin or political or religious affiliations."[249] Zwei Jahre später folgte das Dokument „Sinn Féin – Engine for Change: Women in an Ireland of Equals", in dem die Partei einen kurzen Überblick über das von ihr bisher Erreichte im Hinblick auf die politische Gleichberechtigung der Geschlechter gibt: Mittels einer aktiven Politik der Förderung eines ausgewogenen Geschlechterverhältnisses verbessere Sinn Féin die Beteiligungsmöglichkeiten für Frauen. Zwei ihrer fünf Kandidaten für die bevorstehenden Wahlen zum Europäischen Parlament seien Frauen und von den mehr als 200 Kandidaten für die Lokalwahlen seien 21 % Frauen. Diese Zahlen zeigten zwar eine Verbesserung gegenüber früheren Wahlen, dennoch sei Sinn Féin sich bewusst, dass Frauen noch immer unterrepräsentiert seien, weshalb die Partei ihre Bemühungen auf diesem Gebiet fortsetzen wolle bis die Parität der Geschlechter erreicht sei.[250]

Eines von Sinn Féins Zielen ist es, zu den Wahlen mehr weibliche Kandidaten aufzustellen. Tatsache ist jedoch, dass die Parteipräsenz noch immer von Männern dominiert wird: Alle fünf Abgeordneten im irischen Parlament sind Männer und auch unter den fünf Abgeordneten in Westminster ist lediglich eine Frau. Diese Zahlen sind jedoch kein Charakteristikum für Sinn Féin, da Frauen auch in anderen politischen Parteien unterrepräsentiert sind. Bei den irischen Parlamentswahlen 1997 waren 19,8 % der Kandidaten Frauen. Von denen, die

---

[247] Vgl. Wilford, Rick: Women and Politics in Northern Ireland, in: Parliamentary Affairs, 49 (Januar 1996) 1, Women in Politics, S. 41-54, hier: S. 43.

[248] Vgl. Maillot: New Sinn Féin. Irish Republicanism in the Twenty-First Century, S. 112.

[249] Sinn Féin-Dokument „Women in an Ireland of Equals" aus dem Jahr 2002, S. 1, in: http://www.sinnfein.ie/policies/document/153, download 31.03.2006.

[250] Vgl. „Sinn Féin – Engine for Change: Women in an Ireland of Equals", S. 2.

schließlich ins Parlament einzogen, waren 12 % weibliche Abgeordnete.[251] Bei den letzten Parlamentswahlen im Jahr 2002 erhöhte sich die Anzahl der weiblichen Abgeordneten minimal auf 13 %[252], was den National Women's Council of Ireland (NWCI) zu einer ironischen Schlussfolgerung veranlasste: „At this rate, it will take 370 years for the percentage of women in the Dáil [irisches Parlament, d. Verf.] to reach 50 per cent."[253]

Sinn Féin sieht sich jedoch nicht nur dem Problem gegenüber, die Anzahl weiblicher Kandidaten zu erhöhen, sondern auch sicherzustellen, dass diese gewählt werden. Unter den 38 Kandidaten, die die Partei 2002 zu den irischen Parlamentswahlen aufstellte, befanden sich sechs Frauen, von denen keine gewählt wurde. Mehr Erfolg hatten dagegen die zwei weiblichen Kandidaten, die sich neben drei ihrer männlichen Parteimitglieder zu den Europawahlen 2004 aufstellen ließen: Sowohl Mary Lou McDonald als auch Bairbre de Brún wurden gewählt.[254]

In Nordirland hingegen ist die Dominanz der Männer innerhalb Sinn Féins nicht mehr so stark ausgeprägt. Bei den Wahlen zum nordirischen Parlament 1998 stellte die Partei 69 Kandidaten auf, von denen 19 Frauen waren. Unter den gewählten 18 Abgeordneten befanden sich fünf Frauen. Dieser Trend setzte sich bei den Wahlen 2003 fort, als Sinn Féin 34 Kandidaten aufstellte, von denen neun Frauen waren. Sieben Kandidatinnen wurden gewählt, was zur Folge hatte, dass die weibliche Vertretung Sinn Féins mehr als ein Drittel aller Frauen ausmachte, die Sitze im Parlament errungen hatten.[255]

## 6.3. Multikulturalismus

Multikulturalismus wird im Hinblick auf Irland oft als ein neueres Phänomen beschrieben, welches im Zusammenhang mit der Ankunft von Asylsuchenden und ausländischen Arbeitern in den frühen neunziger Jahren steht. Die Präsenz von Ausländern hat sowohl in der Republik als auch in Nordirland zur Verbreitung von rassistischen Strömungen innerhalb der Gesellschaft geführt.

In Nordirland zeichnet sich die Rassismus-Debatte durch spezifische Charakteristika aus. Zunächst einmal bezieht sie sich auf den sektiererischen Kontext, denn obwohl Rassismus

---

[251] Vgl. Galligan, Yvonne: Women and Politics in Contemporary Ireland: From the Margins to the Mainstream, London: Pinter, 1998, S. 296.
[252] Vgl. National Women's Council of Ireland (NWCI): Irish Politics: Jobs for the Boys!, Dublin: NWCI, 2002, S. 6.
[253] Ebd., S. 4.
[254] Vgl. MacDonncha: Sinn Féin. A Century of Struggle, S. 252-253.
[255] Vgl. Maillot: New Sinn Féin. Irish Republicanism in the Twenty-First Century, S. 117.

## 6. Agenda der Gleichberechtigung – Sinn Féins politische Inhalte

und Sektierertum zwei unterschiedliche Phänomene sind, stehen sie dennoch in einer untrennbaren Beziehung zueinander. Die Erscheinungsformen beider Phänomene können einander sehr ähnlich sein und sind nach Ansicht der Organisation Northern Ireland Council of Ethnic Minorities (NICEM) durch sich überschneidende Charakteristika gekennzeichnet: „Racism in Northern Ireland can be understood in the context of the extension of the sectarian divide and the generalised lack of democratic accountability."[256] Laut dieser Ansicht, der Sinn Féin zustimmt, hat das Sektierertum – genau wie Rassismus – zu institutioneller, ökonomischer und sozialer Diskriminierung und Ungleichheit geführt. Aus diesem Grund spielt die sektiererische Dimension bei der Analyse und Bekämpfung des Rassismus eine bedeutende Rolle.

In den vergangenen Jahrzehnten waren die nationalen Diskurse von einer Definition der irischen Identität geprägt, der auch Sinn Féin beipflichtete: „Irishness and citizenship have been correlated with whiteness and Catholicism, both of which implicitly acted as the measure against which difference was constructed."[257] Sinn Féin tendierte dazu, Unterschiede zu Gunsten eines relativ homogenen Konzepts der irischen Nation – sowohl aus historischer als auch aus kultureller Perspektive – zu negieren. Dieser Vereinigungsprozess wurde als unerlässlich angesehen, um das Ziel der irischen Wiedervereinigung zu rechfertigen. Die Partei definierte die irische Identität in erster Linie durch die Abgrenzung von einer anderen Identität: der britischen.[258]

2001 veröffentlichte Sinn Féin das Dokument „Many Voices. One Country", in dem die Partei folgende Ansicht vertritt: „Policy on asylum seekers and refugees is primarily about their treatment, not their right to exist or their numbers."[259] Sinn Féin will keine Quote für ausländische Arbeiter einführen, gibt jedoch die Zahl 200.000 an, welche auch von der irischen Regierung als notwendig erachtet wird, um das Wirtschaftswachstum bis zum Jahr 2006 aufrechtzuerhalten. Zudem enthält das Dokument den Vorschlag, die Anwerbung von Arbeitern aus dem Ausland mit der Tätigkeit des Entwicklungsministeriums zu verknüpfen,

---

[256] Northern Ireland Council of Ethnic Minorities (NICEM): Position Paper on Core Funding for Black and Ethnic Minority Organisations in Northern Ireland, Belfast: NICEM, 2000, S. 4.

[257] Coulter und Coleman: The End of Irish History?, S. 89.

[258] Vgl. Maillot: New Sinn Féin. Irish Republicanism in the Twenty-First Century, S. 121.

[259] Sinn Féin-Dokument „Many Voices. One Country" aus dem Jahr 2001, S. 6, in: http://www.sinnfein.ie/pdf/Policies_Racism.pdf, download 02.04.2006.

6. Agenda der Gleichberechtigung – Sinn Féins politische Inhalte

um sicherzustellen, dass potentielle Immigranten aus Entwicklungsländern nicht benachteiligt werden.[260]

Die Art und Weise, auf die Sinn Féin die Zunahme des Rassismus in Irland beschreibt, entspricht ihrer Gesamtanalyse der politischen und sozialen Situation, die nach wie vor als eine postkoloniale angesehen wird. „Colonisation and its legacy are important dynamics in the promotion and perpetuation of racism. The colonisation practiced by a handful of countries, over many centuries, has left a lasting impression on our lives."[261] Aus dieser Analyse folgt die Ansicht, dass Sektierertum und die daraus resultierende Diskriminierung der nationalistischen Bevölkerungsgruppe in Nordirland Begleiterscheinungen des Rassismus sind. „As colonialism has used racism as a device to divide and conquer many nations, so sectarianism in Ireland has always served British colonial interests. Therefore, the issue of religious equality in Ireland should be integrated into broader projects against racism and promoting racial equality."[262] Nach Sinn Féins Ansicht wird das Problem des Rassismus nicht gelöst werden können, solange die mit der Teilung Irlands verbundenen Institutionen bestehen. Es sei zwar möglich, einige sofortige und mittelfristige Strategien im Kampf gegen den Rassismus durchzuführen, doch langfristig könne nur die Wiedervereinigung Irlands Abhilfe schaffen.[263]

Diese Analyse bezieht sich in erster Linie auf die Situation in Nordirland. Laut der Argumentation Sinn Féins ist die Diskriminierung der nationalistischen Gemeinschaft unvermeidbar, da das Sektierertum dort nach wie vor besteht. Der Rassismus ist von institutioneller und politischer Natur und wird sowohl von Institutionen als auch von Parteien geschürt. Der von der Partei entwickelte Diskurs im Hinblick auf die nationalistische Bevölkerungsgruppe wird auf ethnische Minderheiten übertragen, die wie die Nationalisten Opfer der diskriminierenden Handlungen des Staates, aber auch loyalistischer Organisationen seien. Sinn Féin zieht Parallelen zwischen der Situation von ethnischen Minderheiten und der Situation derjenigen, die die Partei vorgibt zu vertreten, was sie dazu verleitet, ähnliche Lösungsansätze für beide Probleme zu unterbreiten. Auf der praktischen Ebene bietet Sinn Féin Asylsuchenden Hilfe an, die ohne Visum in das Vereinigte Königreich einreisen und aufgrund dessen inhaftiert werden (ungefähr 15 % derjenigen, die in Nordirland Asyl suchen).

---

[260] Vgl. ebd., S. 5-6.
[261] Ebd., S. 3-4.
[262] Ebd., S. 9.
[263] Vgl. ebd.

## 6. Agenda der Gleichberechtigung – Sinn Féins politische Inhalte

Auf diesem Gebiet kann die Partei sich auf ihre umfangreichen Erfahrungen mit dem nordirischen Gefängnissystem stützen, was Parteimitglieder dazu in die Lage versetzt, die Betroffenen zu Themen wie z. B. Gefangenenrechte zu beraten.[264]

Auch Sinn Féins Belfaster Bürgermeister Alex Maskey bemühte sich um praktische Lösungen für die in einer multikulturellen Gesellschaft auftretenden Probleme. Einmal im Monat lud er die Vertreter aller ethnischen Gemeinschaften ins Rathaus ein, damit sie dort im Namen ihrer Wähler Erklärungen abgeben konnten. Zudem sagte er dem Bauvorhaben einer Moschee in Belfast seine Unterstützung zu. Der Plan, eine weitere Moschee am Stadtrand von Craigavon zu bauen, sorgte für Kontroversen. Der vorwiegend unionistische Stadtrat verweigerte die Baugenehmigung mit der Begründung, dass die Straßen zum Standort der Moschee nicht ausgebaut seien und dort keine angemessene Abwasserentsorgung gewährleistet werden könne. Sinn Féin wies dieses Argument im Hinblick auf eine Stellungnahme des unionistischen Ratsmitgliedes Fred Crowe als unaufrichtig zurück. Crowe hatte erklärt, die Anwohner fühlten sich durch eine Moschee bedroht und behauptete, ihr Bau würde den Weg für eine Zelle der Al Qaida ebnen. Auf Grund dieser Auseinandersetzungen entschied sich die muslimische Gemeinde schließlich, den Antrag auf eine Baugenehmigung zurückzuziehen.[265]

In der Republik Irland bildet das Engagement für ethnische Minderheiten bisher keinen Schwerpunkt innerhalb der Parteiarbeit. Sinn Féins Politik in Bezug auf Multikulturalismus gehörte bei den irischen Parlamentswahlen 2002 nicht zu den vorrangigen Themen. Das 71-seitige Wahlprogramm enthielt lediglich einen Abschnitt zur Immigration, welches in den Kontext des Rassismus eingebettet wurde und auf diese Weise beide Themen miteinander verband.[266] Was den Süden Irlands betrifft, so tendiert die Partei dazu, Rassismus auf strukturelle Gründe zurückzuführen und Probleme, wie z. B. die Wartelisten für Krankenhäuser, in den Mittelpunkt zu stellen, was die Asylsuchenden in eine direkte Konkurrenz zu dem Bevölkerungsteil bringt, der nicht von dem Wirtschaftsaufschwung profitiert hat.

In ihrem Programm zu den Lokalwahlen 2004 vertrat Sinn Féin entschieden eine anti-rassistische Einstellung. In dem Abschnitt „A Multicultural Dublin in a Multicultural Ireland" wird die Absicht der Kandidaten erklärt, gegen Rassismus vorzugehen: „All Sinn Féin candidates in Dublin have been through anti-racist training facilitated by the National

---

[264] Vgl. Maillot: New Sinn Féin. Irish Republicanism in the Twenty-First Century, S. 122.
[265] Vgl. ebd., S. 123.
[266] Vgl. Sinn Féin General Election Manifesto 2002, S. 16.

6. Agenda der Gleichberechtigung – Sinn Féins politische Inhalte

Consultative Council on Racism and Interculturalism and have individually signed an anti-racist pledge."[267]

Die Partei verspricht, Rassismus zu bekämpfen, was sich auf drei verschiedenen Ebenen äußert. Zunächst befürwortet sie – wie zu erwarten war – einen gesamtirischen Lösungsansatz mit Gesetzen, die in allen 32 Grafschaften der irischen Insel gelten. Zudem sind alle Abgeordneten sowohl im irischen als auch im nordirischen Parlament dazu angehalten, das Thema Rassismus bei jeder sich bietenden Gelegenheit anzusprechen. So brachte beispielsweise Conor Murphy während einer Debatte im nordirischen Parlament den Antrag ein, „that this Assembly notes with concern the report by the Law Centre, ‚Sanctuary in a Cell', on the detention of asylum seekers and calls upon the Government to develop an alternative to detaining asylum seekers and to devise methods of expediting the application process."[268] Der Antrag wurde angenommen – wenn auch auf Grund der speziellen politischen Verhältnisse Nordirlands nicht einstimmig. Roy Beggs von der Ulster Unionist Party erklärte zwar, dass er den Antrag im Großen und Ganzen billige, ihm aber nicht zustimmen könne, da er von Sinn Féin eingebracht worden sei.[269]

Die dritte Ebene, auf der Sinn Féin Rassismus bekämpfen will, ist die irische Gesellschaft. Hier könnten jedoch Probleme für die Partei entstehen: Sinn Féin ist nach wie vor darum bemüht, ihren Status als Partei der Unterdrückten und der Schwächsten der Gesellschaft zu festigen. Wenn es ihrer Ansicht nach logisch erscheint, sich für die ethnischen Minderheiten als neue Symbole sozialer Ungerechtigkeit und Diskriminierung einzusetzen, dann dürfte sie das Wählerstimmen kosten. Die Wahlerfolge Sinn Féins stützen sich in erster Linie auf sozial benachteiligte Gebiete und die Viertel der Arbeiterklasse, wo die Wähler am anfälligsten für die populistischen Argumente sein dürften, die Immigranten für soziale Ungleichheiten und Benachteiligungen verantwortlich machen. Aus diesem Grund ist die Partei sehr vorsichtig, um ihre Wähler nicht zu verlieren: „Sinn Féin [...] recognises the tensions and difficulties that arise from large numbers of asylum seekers being ‚dumped' in particular areas, often the poorest and least resourced working-class areas of Dublin or small and under-resourced rural

---

[267] Dublin Local Election Manifesto 2004, S. 11, in: http://www.sinnfein.ie/pdf/Dublin_local_manifesto.pdf, download 04.04.2006.

[268] Antrag von Conor Murphy, Sinn Féin-Abgeordneter im nordirischen Parlament, in: Northern Ireland Assembly Official Report v. 13. Februar 2001, in: http://www.niassembly.gov.uk/record/reports/010213.htm, download 04.04.2006.

[269] Vgl. Stellungnahme von Roy Beggs, Abgeordneter der UUP im nordirischen Parlament, in: Northern Ireland Assembly Official Report v. 13. Februar 2001, in: http://www.niassembly.gov.uk/record/reports/010213.htm, download 04.04.2006.

## 6. Agenda der Gleichberechtigung – Sinn Féins politische Inhalte

communities. Community concern is sometimes dismissed as racism but there are other more complex dimensions to this. In particular, communities that saw their own children forced to emigrate, have been hit by the irresponsible press coverage."[270]

Die Art und Weise, auf die Sinn Féin in Zukunft ihre Politik im Hinblick auf ethnische Minderheiten gestaltet, könnte ein entscheidender Indikator für ihr ideologisch begründetes Engagement für die Schwächsten der Gesellschaft und ein Beweis dafür sein, dass der traditionelle Diskurs über die irische Identität in einem multikulturellen Irland nicht länger von Bedeutung ist.

---

[270] „Many Voices. One Country", S. 7.

## 7. Fazit

Die Veränderungen, die Sinn Féin seit ihrer Gründung durchlaufen hat, sind vielfältig. Während der Parteigründer Arthur Griffith sich für eine Doppelmonarchie unter der britischen Krone und einsetzte und den bewaffneten Widerstand ablehnte, trat sein Nachfolger Eamon de Valera jeglicher Verbindung zu Großbritannien entschieden entgegen und sah Waffengewalt als ein legitimes Mittel zur Erreichung des Ziels einer irischen Republik an. Nach dem Bürgerkrieg verlor Sinn Féin an Einfluss und zog sich aus dem politischen Prozess zurück. De Valera gründete die Fianna Fáil, welche – neben der IRA – die Hauptvertreterin des irischen Republikanismus wurde.

1948 beschloss die IRA, den Kampf für ein vereintes Irland auch auf der politischen Ebene auszutragen, weshalb Sinn Féin zu neuem Leben erweckt wurde. In den sechziger Jahren radikalisierte sich die Partei und übernahm sozialistisches Gedankengut, was 1970 zur Spaltung führte. Im folgenden Jahrzehnt handelte es sich bei Sinn Féin in erster Linie um eine untergeordnete Assistentin der IRA, die darum bemüht war, dem bewaffneten Kampf der Untergrundorganisation politische Legitimität zu verleihen.

Nach dem Hungerstreik republikanischer Gefangener und der damit einhergehenden Mobilisierung der nationalistischen Wählerschaft trat die Partei als eine ernst zu nehmende politische Organisation in Erscheinung und nutzte die Teilnahme an Wahlen, um ihre Ziele zu erreichen. Dieses bedeutete zunächst keine Abkehr von der Gewalt – vielmehr beabsichtigten die Republikaner, sowohl auf militärische als auch auf politische Strategien („Armalite and ballot box") zu setzen. Im Rahmen des Friedensprozesses verpflichtete Sinn Féin sich schließlich dazu, ausnahmslos mit friedlichen Mitteln für ihre Ziele zu kämpfen. Diese Verpflichtung wurde von der IRA jedoch erst im Juli 2005 akzeptiert, was die Partei immer wieder in Bedrängnis brachte. Der bisher größte Erfolg Sinn Féins ist zweifelsohne ihre Mitgliedschaft in der nordirischen Regierung, in der sie zwei Minister stellte. Die Regierungsbeteiligung bot der Partei die Möglichkeit, ihre politischen Fähigkeiten auszubauen.

Für die Entwicklung Sinn Féins von einer marginalisierten und zeitweise kaum wahrnehmbaren Partei zur stärksten Kraft innerhalb des nationalistisch-katholischen Lagers zeichnen drei interne, d. h. von der Partei selbst beeinflusste, Faktoren verantwortlich:

1. Die Modernisierung des Parteiimages und die damit einhergehende Veränderung in der öffentlichen Wahrnehmung. Sinn Féin gab ihre Verweigerungspolitik auf, um innerhalb der

## 7. Fazit

politischen Landschaft ganz Irlands wahrgenommen zu werden. Darüber hinaus erweiterte sie ihr politisches Programm mit Themen wie beispielsweise Gender, Drogen- und Rassismusbekämpfung. Ziel dieser Erweiterung war es, neben den republikanischen weitere Wähler für sich zu gewinnen, indem diesen deutlich gemacht wurde, dass die Partei nicht nur für ein wiedervereinigtes Irland kämpft, sondern ein breites Themenspektrum bietet, in dem sich auch Nicht-Republikaner wiederfinden.

Sinn Féin betonte stets, dass sie keine Einheit mit der IRA bilde und auch nicht als Sprecher der Untergrundorganisation fungiere. Dennoch fügten gewisse der IRA angelastete Aktionen dem Ansehen der Partei immer wieder Schaden zu – so z. B. im Januar 2005 die Ermordung eines katholischen Familienvaters in einer Belfaster Bar.[271] Auch die Verhaftung dreier IRA-Mitglieder im Jahr 2001, denen vorgeworfen wurde, Rebellen der kolumbianischen Guerillaorganisation Fuerzas Armadas Revolucionarias de Colombia (FARC) ausgebildet zu haben, wirkte sich sehr negativ auf das Image Sinn Féins aus – nicht nur auf der irischen Insel, sondern auch in den USA, wo die Partei stets von irisch-stämmigen Amerikanern unterstützt wurde.[272]

Trotzdem arbeitete Sinn Féin hart an ihrer Reputation und definierte sich als „A party of equals", die sich für die politische, ökonomische, soziale und religiöse Gleichberechtigung aller in Irland lebenden Menschen einsetzt. Ihre engagierte Beteiligung am nordirischen Friedensprozess trug ebenfalls zu einer Veränderung in der öffentlichen Wahrnehmung bei. Die Partei wurde nicht mehr ausschließlich mit den Gewaltverbrechen der IRA in Verbindung gebracht, sondern erstmals auch in Teilen der Bevölkerung als friedliche politische Partei angesehen, die dazu im Stande ist, die Gewalt in Nordirland zu beenden.

2. Im Hinblick auf den Friedensprozess hatte Sinn Féin bis 1992 die Initiative übernommen. Gegen Ende der achtziger Jahre begann die republikanische Führung einzusehen, dass die britische Regierung sie zwar nicht besiegen konnte, sie selbst jedoch auch nicht dazu fähig war, den Abzug der Briten aus Nordirland zu erzwingen. Aus diesem Grund erschien es sinnvoller, Verhandlungen mit der Londoner und auch mit der Dubliner Regierung aufzunehmen. Darüber hinaus entstand innerhalb der republikanischen Bewegung der Gedanke, alle diejenigen zusammenzubringen, die für ein vereintes Irland kämpfen. Folglich nahm Gerry Adams Gespräche mit dem SDLP-Vorsitzenden John Hume auf, was in der Veröffentlichung eines gemeinsamen Dokumentes resultierte. Die Aufnahme von Gesprächen

---

[271] Vgl. Alioth, Martin: Die lauten Schwestern, in: Der Tagesspiegel, Nr. 18761 v. 28.02.2005, S. 3.
[272] Vgl. Rafter: Sinn Féin. 1905-2005. In the Shadow of Gunmen, S. 232.

## 7. Fazit

mit den beiden Regierungen und der SDLP versetzten Sinn Féin dazu in die Lage, die Bedingungen auszuhandeln, unter denen sie in der politischen Landschaft zugelassen werden konnte.

3. Damit der Friedensprozess beginnen konnte, musste die republikanische Bewegung überwiegend einheitlich hinter ihm stehen. Ihre Entzweiung in Befürworter und Gegner einer Aufgabe des bewaffneten Kampfes zu Gunsten ausnahmslos friedlicher politischer Mittel hätte den Prozess bereits in den Anfängen scheitern lassen. Zwar spalteten sich 1986 und 1997 die radikalen Splittergruppen Continuity IRA und Real IRA ab[273], doch deren Einfluss ist verschwindend gering. Im Großen und Ganzen ist die republikanische Bewegung intakt geblieben, was dem politischen Scharfsinn und der persönlichen Autorität des Sinn Féin-Präsidenten Adams zu verdanken ist.

Bis zu Beginn der achtziger Jahre verfolgte der irische Republikanismus zwei Strategien, um sein Ziel eines unabhängigen, vereinten Irlands zu erreichen: den Abstentionismus sowie den Einsatz militärischer Mittel. Nach dem Hungerstreik setzte Sinn Féin auf einen pragmatischeren Kurs, welcher 1986 zunächst die Aufgabe des Abstentionismus im Hinblick auf das irische Parlament, 1998 auch für das nordirische Regionalparlament und schließlich im Juli 2005 das Ende des bewaffneten Kampfes der IRA zur Folge hatte. Der Pragmatismus Sinn Féins zeichnet sich durch folgende Strategien aus: Seit 1981 nutzt die Partei die Teilnahme an Wahlen zur Erreichung ihrer Ziele, da Bobby Sands gezeigt hatte, dass dieses ein wirkungsvolles Instrument war, mit dem die Republikaner Erfolge verbuchen konnten. Sie beschränkte ihre Tätigkeit nicht länger auf das Streben nach der Wiedervereinigung Irlands, sondern weitete ihre politische Arbeit Schritt für Schritt auf alle Themen aus, die eine moderne politische Partei auszeichnen. Darüber hinaus vermittelt Sinn Féin den Wählern ihr Image als Partei, deren Repräsentanten hart arbeitende, engagierte und seriöse Politiker sind, bedient sich einer Rhetorik, die ihr Identität und Glaubwürdigkeit verschafft und führt Kampagnen durch, um vor Ort mit Bürgern in Kontakt zu kommen und diese bei ihren Anliegen zu unterstützen.

An den Zielen Sinn Féins hat sich im Gegensatz zu ihren Strategien nichts verändert. Seit dem Osteraufstand 1916 ist das republikanische Ziel eines unabhängigen, vereinten Irlands nach wie vor die oberste Priorität der Partei. Sie setzt sich für die Abtrennung der gesamten irischen Insel vom Vereinigten Königreich und eine damit einhergehende Wiedervereinigung

---

[273] Vgl. Valandro: Das Baskenland und Nordirland, S. 91.

## 7. Fazit

Irlands ein. Zudem befürwortet sie die Trennung von Religion und Politik und kämpft für ein Ende des Sektierertums in Nordirland, was ihrer Ansicht nach in direktem Zusammenhang mit rassistischen Strömungen innerhalb der Bevölkerung steht. Damit einher geht das Streben nach Gleichberechtigung und Chancengleichheit für alle in Irland lebenden Menschen mittels einer umfassenden Umgestaltung der ökonomischen und sozialen Strukturen. Ein weiteres wichtiges Ziel der Partei ist der vollständige Rückzug des britischen Militärs aus Nordirland.

Sinn Féins Ziele stimmen nach wie vor mit denen der republikanischen Ideologie überein, weshalb die Partei nicht als post-republikanisch zu bezeichnen ist. Geändert haben sich lediglich die Strategien, mit denen sie ihre Ziele zu erreichen versucht. Aus diesem Grund trifft es auch nicht zu, Sinn Féin als eine traditionelle republikanische Partei zu definieren, da die signifikanten Bestandteile des traditionellen irischen Republikanismus – Abstentionismus und der bewaffnete Kampf – einer radikalen Änderung unterworfen worden sind. Der Abstentionismus gilt inzwischen nur noch für die den Sinn Féin-Abgeordneten in Westminster zustehenden Sitze und der bewaffnete Kampf ist von der IRA für beendet erklärt worden. Folglich handelt es sich bei der gegenwärtigen Partei-Ideologie um einen revisionistischen irischen Republikanismus, der die Ziele des traditionellen Republikanismus beibehält, die Strategien zu deren Erreichung jedoch zu Gunsten eines pragmatischeren Kurses geändert hat.

Wie die oben angeführten internen Faktoren zeigen, ist es der durch Pragmatismus geprägte revisionistische Republikanismus, der dafür verantwortlich ist, dass Sinn Féin zur stärksten Partei im nationalistisch-katholischen Lager Nordirlands geworden ist. Darüber hinaus verzeichnet sie auch in der Republik Stimmenzuwächse und hat sich somit nicht nur im Norden, sondern auf der gesamten irischen Insel etabliert. Da sie die Teilung Irlands nie anerkannt hat, ist ihre Präsenz auf der ganzen Insel ein konsequenter Ausdruck ihrer Ablehnung und ein Beweis für ihr Bekenntnis zu einer gesamtirischen Politik.

Sinn Féin ist auf Grund der Änderung ihrer Strategien in erster Linie selbst für ihren Erfolg verantwortlich. Allerdings darf hierbei nicht außer Acht gelassen werden, dass auch externe, also von der Partei unbeeinflusste, Faktoren einen gewissen Beitrag dazu geleistet haben:

1. Der Friedensprozess ging für Sinn Féin mit wichtigen politischen Vorteilen einher. Die Führungspersönlichkeiten der Partei wurden in den Medien nicht mehr lediglich als mit der IRA assoziierte Politiker, sondern als diejenigen dargestellt, die ihre politische Rolle erfüllen. Zudem wurde die Parteiführung auf nationaler und internationaler Ebene als dazu fähig

## 7. Fazit

präsentiert, Verhandlungen sowohl mit Lokalpolitikern als auch mit ausländischen Diplomaten und Staatsmännern zu führen, was für das Ansehen Sinn Féins von großer Bedeutung war.

2. Für viele nationalistische Wähler, die der Gewalt in ihrer Heimat überdrüssig waren, bot Sinn Féins Engagement im Friedensprozess einen Anlass, die Partei zu wählen und sie auf diese Weise zu ermutigen, sich weiterhin für den Frieden in Nordirland einzusetzen.

3. Die erste Nordirlandministerin unter Tony Blair, Mo Mowlam, erklärte sich bereit, mit jedem unter den gleichen Voraussetzungen zu sprechen und behandelte die Vertreter Sinn Féins genauso wie alle anderen am Friedensprozess Beteiligten. Sie verkündete öffentlich, dass die Abrüstung der IRA-Waffen nicht länger eine Vorbedingung für die Teilnahme an Gesprächen sei, woraufhin die republikanische Untergrundorganisation am 20. Juli 1997 eine Waffenruhe verkündete. Am 10. September wurden die Gespräche mit Sinn Féin aufgenommen, was bedeutete, dass die Partei endlich als vollwertiges Mitglied der politischen Landschaft akzeptiert wurde.

Zusammenfassend ist festzuhalten, dass Sinn Féins revisionistischer Republikanismus keine seiner Ziele aufgegeben hat. Seit Beginn der achtziger Jahre ist innerhalb der Partei das Realitätsverständnis gewachsen, was zu einer Anpassung der Strategien an eben diese Realität geführt hat. Die Veränderungen im Hinblick auf die Strategien sind aus einem Prozess von Auseinandersetzungen innerhalb der republikanischen Bewegung entstanden. Bei diesen Auseinandersetzungen haben sich die Pragmatiker, welche eingesehen hatten, dass Verweigerung und Militarismus nicht zum Ziel führen, durchgesetzt. Der revisionistische Republikanismus hat sich angepasst, ist aber dadurch nicht geschwächt sondern gestärkt worden.

## Literatur- und Quellenverzeichnis

**Adams, Gerry**: The Politics of Irish Freedom, Dingle: Brandon, 1986.

**Adams, Gerry**: Hope and History. Making Peace in Ireland, Dingle: Brandon, 2004.

**Alioth, Martin**: Vernichtender Sieg. Die Iren stärken ihre Regierung und radikale Parteien – das Konsensmodell am Ende?, in: Der Tagesspiegel, Nr. 17768 v. 21.05.2002, S. 6.

**Alioth, Martin**: Die lauten Schwestern, in: Der Tagesspiegel, Nr. 18761 v. 28.02.2005, S. 3.

**Alioth, Martin**: Ab 17 Uhr ist Frieden, in: Der Tagesspiegel, Nr. 18908 v. 29.07.2005, S. 5.

**Alioth, Martin**: Wieder Autonomie für Nordirland?, in: Der Tagesspiegel, Nr. 19156 v. 07.04.2006, S. 6.

**Bartlett, Thomas**: The Burden of the Present: Theobald Wolfe Tone, Republican and Separatist, in: David Dickson, Dáire Keogh und Kevin Whelan (Hrsg.): The United Irishmen. Republicanism, Radicalism and Rebellion, Dublin: The Lilliput Press, 1993, S. 1-15.

**Beckett, James Camlin**: The Making of Modern Ireland. 1603-1923, London: Faber and Faber, 1981.

**Bew, Paul und Henry Patterson**: The British State and the Ulster Crisis, London: Verso, 1985.

**Bishop, Patrick und Eamonn Mallie**: The Provisional IRA, London: Heinemann, 1987.

**Bottigheimer, Karl S.**: Geschichte Irlands, Berlin u.a.: Kohlhammer, 1985.

**Boyce, George**: Ethnicity versus Nationalism in Britain and Ireland, in: Peter Krüger (Hrsg.): Ethnicity and Nationalism. Case Studies in their Intrinsic Tension and Political Dynamics [= Marburger Studien zur Neueren Geschichte, Bd. 3], Marburg: Hitzeroth, 1993, S. 75-90.

**Breuer, Manfred**: Nordirland. Eine Konfliktanalyse [= Heidelberger Studien zur internationalen Politik, Bd. 6], Hamburg: LIT, 1994.

**Brown, Michael E.**: The Causes of Internal Conflict. An Overview, in: Ders. u. a. (Hrsg.): Nationalism and Ethnic Conflict, Cambridge: MIT-Press, 1997, S. 3-25.

**Connor, Walker**: The Politics of Ethnonationalism, in: Journal of International Affairs, Volume 27, Number 1, 1973, S. 1-21.

**Coogan, Tim Pat**: On the Blanket: The H-Block Story, Dublin: Ward River Press, 1980.

**Coogan, Tim Pat**: The IRA, 4., völlig neu bearb. Aufl., London: HarperCollins, 1995.

**Coulter, Colin und Steve Coleman** (Hrsg.): The End of Irish History? Critical Reflections on the Celtic Tiger, Manchester: Manchester University Press, 2003.

**Curtis, Liz**: Ireland: The Propaganda War, London: Pluto, 1984.

Literatur- und Quellenverzeichnis

**Elvert, Jürgen**: Geschichte Irlands, 4., aktual. Aufl., München: dtv, 2003.

**Feeney, Brian**: Sinn Féin. A Hundred Turbulent Years, Wisconsin: The University of Wisconsin Press, 2003.

**Finn, Joe und Michael Lynch**: Ireland and England. 1798-1922, London: Hodder & Stoughton, 1995.

**Fitzduff, Mari**: Beyond Violence. Conflict Resolution Process in Northern Ireland, Tokio; New York; Paris : United Nations University Press, 2002.

**Gallagher, Michael, Michael Marsh und Paul Mitchell** (Hrsg.): How Ireland Voted 2002, Basingstoke: Palgrave Macmillan, 2003.

**Gallenmüller, Dagmar**: Die „irische Frage". Eine historische Studie zu einem gegenwärtigen Konflikt [=Europäische Hochschulschriften, Bd. 730], Frankfurt am Main u. a.: Lang, 1997.

**Galligan, Yvonne**: Women and Politics in Contemporary Ireland: From the Margins to the Mainstream, London: Pinter, 1998.

**Gillis, John R.**: Memory and Identity: The History of a Relationship, in: Ders. (Hrgs.): Commemorations. The Politics of National Identity, Princeton: Princeton University Press, 1994, S. 3-24.

**Good Friday Agreement**, Abschnitt „Decommissioning", abgedruckt in: Valandro, Franz: The Peace Process in Northern Ireland [= Minderheiten und Minderheitenpolitik in Europa, Bd. 5], Frankfurt am Main: Europäischer Verlag der Wissenschaften, 2004, S. 143.

**Griffith, Arthur**: The Resurrection of Hungary, Dublin: James Duffy, 1904.

**Hayes, Bernadette C. und Ian McAllister**: Ethnonationalism, Public Opinion and the Good Friday Agreement, in: Joseph Ruane und Jennifer Todd (Hrsg.): After the Good Friday Agreement. Analysing Political Change in Northern Ireland, Dublin: University College Dublin Press, 1999, S. 30-48.

**Hobsbawm, Eric J.**: Nationen und Nationalismus. Mythos und Realität seit 1780, 2. Aufl., Frankfurt am Main; New York: Campus Verlag, 1992.

**Hume-Adams Document 1992/3**, abgedruckt in : O'Brien, Brendan : The Long War. The IRA and Sinn Féin, 2. Aufl., New York: Syracuse University Press, 1999, S. 424-425.

**Kempin, Tina**: Ready for Peace? The Implementation of the Good Friday Agreement in Northern Ireland 1998-2002 [= Zürcher Beiträge zur Sicherheitspolitik und Konfliktforschung, Bd. 68], Zürich: Forschungsstelle für Sicherheitspolitik der ETH Zürich, 2003.

## Literatur- und Quellenverzeichnis

**Laffan, Michael**: Gewalt und Terror im Irland des 20. Jahrhunderts: Die Irish Republican Brotherhood und die IRA, in: Wolfgang J. Mommsen und Gerhard Hirschfeld (Hrsg.): Sozialprotest, Gewalt, Terror. Gewaltanwendung durch politische und gesellschaftliche Randgruppen im 19. und 20. Jahrhundert, Stuttgart: Klett-Cotta, 1982, S. 181-197.

**Lovenduski, Joni** (Hrsg.): Gender and Party Politics, London: Sage, 1993.

**Lyons, Francis**: Ireland Since the Famine, London: Fontana, 1983.

**MacCarthy Morrogh, Michael**: Das irische Jahrhundert, Köln: Tandem, 1998.

**MacDonncha, Mícheál** (Hrsg.): Sinn Féin. A Century of Struggle, Dublin: Sinn Féin, 2005.

**Maillot, Agnès**: New Sinn Féin. Irish Republicanism in the Twenty-First Century, London; New York: Routledge, 2005.

**McDonald, Henry**: The Drugs of Dublin, in: Spotlight, Ausgabe 11/2000, S. 48-49.

**McGarry, John und Brendan O'Leary**: Explaining Northern Ireland: Broken Images, Oxford: Basil Blackwell, 1995.

**Meaney, Geraldine**: Sex and Nation: Women in Irish Culture, Dublin: Attic Press, 1991.

**Moloney, Ed**: Closing Down the Airwaves: The Story of the Broadcasting Ban, in: Bill Rolston (Hrsg.): The Media in Northern Ireland, Basingstoke: Macmillan, 1991, S. 8-50.

**Moltmann, Bernhard**: „Es kann der Frömmste nicht im Frieden bleiben…". Nordirland und sein kalter Frieden, Frankfurt am Main: Hessische Stiftung Friedens- und Konfliktforschung, 2002.

**Multhaupt, Wulf Friedrich**: Die Irisch-Republikanische Armee (IRA). Von der Guerilla-Freiheitsarmee zur modernen Untergrundorganisation, Dissertation, Bonn, 1988.

**Murray, Gerard und Jonathan Tonge**: Sinn Féin and the SDLP. From Alienation to Participation, London: Hurst & Company, 2005.

**National Women's Council of Ireland (NWCI)**: Irish Politics: Jobs for the Boys!, Dublin: NWCI, 2002.

**Neumann, Peter**: IRA. Langer Weg zum Frieden, Hamburg: Europäische Verlagsanstalt, 2002.

**Noetzel, Thomas**: Geschichte Irlands. Vom Erstarken der englischen Herrschaft bis heute, Darmstadt: Primus, 2003.

**Northern Ireland Council of Ethnic Minorities (NICEM)**: Position Paper on Core Funding for Black and Ethnic Minority Organisations in Northern Ireland, Belfast: NICEM, 2000.

Literatur- und Quellenverzeichnis

**O'Brien, Brendan**: The Long War. The IRA and Sinn Féin, 2. Aufl., New York: Syracuse University Press, 1999.

**O'Brien, Máire und Connor Cruise O'Brien**: A Concise History of Ireland, London: Thames & Hudson, 1995.

**Ó Ceallaigh, Daltún**: Irish Republicanism. Good Friday & After, Dublin: Elo Press, 2000.

**O'Leary, Brendan**: The Belfast Agreement and the British-Irish Agreement: Consociation, Confederal Institutions, a Federacy and a Peace Process, in: Andrew Reynolds (Hrsg.): The Architecture of Democracy. Constitutional Design, Conflict Management, and Democracy, Oxford: Oxford University Press, 2002, S. 293-356.

**Rafter, Kevin**: Sinn Féin. 1905-2005. In The Shadow of Gunmen, Dublin: Gill & Macmillan, 2005.

**Roulston, Carmel und Celia Davies** : Gender, Democracy and Inclusion in Northern Ireland, Basingstoke : Palgrave Macmillan, 2001.

**Ruane, Joseph und Jennifer Todd**: The Dynamics of Conflict in Northern Ireland. Power, Conflict and Emancipation, Cambridge: Cambridge University Press, 1996.

**Schulze-Marmeling, Dietrich**: Republikanismus und Sozialismus in Nordirland. Theorie und Praxis in der nordirischen Krise, Frankfurt am Main: isp-Verlag, 1986.

**Schulze-Marmeling, Dietrich und Ralf Sotscheck**: Der lange Krieg. Macht und Menschen in Nordirland, Göttingen: Verlag Die Werkstatt, 1989.

**Smith, Anthony D.**: The Origins of Nations, in: Geoff Eley (Hrsg.): Becoming National, New York u.a.: Oxford University Press, 1996, S. 106-130.

**Taylor, Peter**: Provos. The IRA & Sinn Féin, London: Bloomsbury, 1998.

**Tonge, Jonathan**: The New Northern Irish Politics?, New York u. a.: Palgrave Macmillan, 2005.

**Valandro, Franz**: Das Baskenland und Nordirland. Eine vergleichende Konfliktanalyse, Innsbruck u. a.: Studien-Verlag, 2001.

**Walsh, Pat**: Irish Republicanism and Socialism. The Politics of the Republican Movement 1905 to 1994, Belfast: Athol Books, 1994.

**Wilford, Rick**: Women and Politics in Northern Ireland, in: Parliamentary Affairs, 49 (Januar 1996) 1, Women in Politics, S. 41-54.

**Wilford, Rick und Robin Wilson**: A Route to Stability: The Review of the Belfast Agreement, Belfast: Democratic Dialogue, 2003.

Literatur- und Quellenverzeichnis

**Wilkinson, Paul** (Hrsg.): British Perspectives on Terrorism, London: Allen & Unwin, 1981.

**Wilson, Andrew J.**: Irish America and the Ulster Conflict. 1968-1995, Washington: Catholic University of America Press, 1995.


**Internet**

**Adams, Gerry**: Rede auf dem Parteitag der Sinn Féin 1998, in: http://www.sinnfein.ie/pdf/Speech_ArdFheis98.pdf, download 09.03.2005.

**An Phoblacht**, Homepage, in: http://www.anphoblacht.com, download 16.03.2006.

**Dublin Local Election Manifesto 2004**, in: http://www.sinnfein.ie/pdf/Dublin_local_manifesto.pdf, download 04.04.2006.

**Fawcett, Liz**: Journalists Vote Sinn Féin and DUP Best at Media Relations, in: http://www.ulster.ac.uk/news/releases/2001/340.html, download 14.03.2006.

**Irish Opinion Poll Archive**, in: http://www.tcd.ie/Political_Science/IOPA/, download 16.03.2006.

**Joint Declaration by the British and Irish Governments**, April 2003, in: CAIN Web Service (Conflict Archive on the Internet), Conflict and Politics in Northern Ireland: http://cain.ulst.ac.uk/events/peace/docs/bijoint010503.pdf, download 08.03.2006.

**McKenna, Fionnuala, Brendan Lynn und Martin Melaugh**: Background Information on Northern Ireland Society – Security and Defence, in: CAIN Web Service (Conflict Archive on the Internet), Conflict and Politics in Northern Ireland: http://cain.ulst.ac.uk/ni/security.htm, download 12.04.2006.

**Northern Ireland Assembly Elections**, in: http://www.ark.ac.uk/elections/fa03.htm, download 12.04.2006.

**Northern Ireland Assembly Official Report** v. 13. Februar 2001, in: http://www.niassembly.gov.uk/record/reports/010213.htm, download 04.04.2006.

**Sinn Féin-Dokument „Empowering Local Communities"** aus dem Jahr 1996, in: http://www.sinnfein.ie/gaelic/policies/document/123, download 21.03.2006.

**Sinn Féin-Dokument „Putting People First"** aus dem Jahr 1998, in: http://www.sinnfein.ie/policies/document/125, download 18.03.2006.

**Sinn Féin-Dokument „Many Voices. One Country"** aus dem Jahr 2001, in: http://www.sinnfein.ie/pdf/Policies_Racism.pdf, download 02.04.2006.

Literatur- und Quellenverzeichnis

**Sinn Féin General Election Manifesto 2002 „Building an Ireland of Equals"**, in: http://www.sinnfein.ie/pdf/GeneralElection02.pdf, download 21.03.2006.

**Sinn Féin-Dokument „Women in an Ireland of Equals"** aus dem Jahr 2002, in: http://www.sinnfein.ie/policies/document/153, download 31.03.2006.

**Sinn Féin-Dokument „No Right Turn: Sinn Féin's Call to Action Against the Thatcherisation of Ireland"** aus dem Jahr 2003, in: http://www.sinnfein.ie/pdf/No%20Right%20Turn%20Document.pdf, download 24.03.2006.

**Sinn Féin-Dokument „Eliminating Poverty: A 21st Century Goal"** aus dem Jahr 2004, in: http://sinnfein.ie/pdf/SFArdFheis04Poverty.pdf, download 26.03.2006.

**Sinn Féin-Dokument „Sinn Féin – Engine for Change: Women in an Ireland of Equals"** aus dem Jahr 2004, in: http//www.sinnfein.ie/pdf/WomensDocument2004.pdf, download 31.03.2006.

**Sinn Féin: Sinn Féin to attend reconvened Assembly**, in: http://www.sinnfeinnews.com/news/detail/13810, download 10.04.2006.

**The 2005 Westminster Elections in Northern Ireland**, in: http://www.ark.ac.uk/elections/fw05.htm, download 12.04.2006.